Christoph Mücher
Unternehmensbewertung

Unternehmens-
bewertung

Grundlagen – Methoden – Übungen

Christoph Mücher

3., überarbeitete Auflage 2016

orell füssli Verlag

veb.ch

Christoph Mücher, dipl. Wirtschaftsprüfer und dipl. Experte für Rechnungslegung und Controlling, ist erfahrener Mandatsleiter mit Praxis in Treuhand, Wirtschaftsprüfung und Finanz- und Rechnungswesen verschiedenster Branchen. Er ist Prüfungsexperte bei Fachprüfungen und Mitglied der Prüfungskommission Höhere Prüfungen für Fachleute im Rechnungswesen und Controlling, Fachkommission BWL.

3., überarbeitete Auflage 2016, 2. Druckrate
© 2016 Orell Füssli Verlag AG, Zürich
www.ofv.ch
Alle Rechte vorbehalten

Dieses Werk ist urheberrechtlich geschützt. Dadurch begründete Rechte, insbesondere der Übersetzung, des Nachdrucks, des Vortrags, der Entnahme von Abbildungen und Tabellen, der Funksendung, der Mikroverfilmung oder der Vervielfältigung auf anderen Wegen und der Speicherung in Datenverarbeitungsanlagen, bleiben, auch bei nur auszugsweiser Verwertung, vorbehalten. Vervielfältigungen des Werkes oder von Teilen des Werkes sind auch im Einzelfall nur in den Grenzen der gesetzlichen Bestimmungen des Urheberrechtsgesetzes in der jeweils geltenden Fassung zulässig. Sie sind grundsätzlich vergütungspflichtig. Zuwiderhandlungen werden straf- und zivilrechtlich verfolgt.

Druck und Bindung: CPI books GmbH, Leck

ISBN 978-3-280-07354-4

Die Deutsche Nationalbibliothek verzeichnet diese Publikation in der Deutschen Nationalbibliografie; detaillierte bibliografische Daten sind im Internet unter www.dnb.de abrufbar.

Vorwort

In den Zeitungen lesen wir fast täglich von grösseren und kleineren Unternehmenszusammenschlüssen und Fusionen. Gesellschaften werden gekauft und nach ein paar Jahren wieder verkauft, da der erwartete Mehrnutzen nicht eingetroffen ist. Ein Grossaktionär verkauft seine Gesellschaft an einen Konzern, eine Schweizer Versicherung kauft eine andere Versicherung, eine Grossbank übernimmt eine Regionalbank. Meist werden bei diesen Transaktionen Hunderte von Millionen als Kaufpreis für ein Unternehmen bezahlt. Wie kommt ein solcher Kaufpreis zustande? Woher wissen die Manager, was ein Unternehmen mit mehreren Tochtergesellschaften, Hunderten von Filialen und Tausenden von Mitarbeitern wert ist? Wissen sie überhaupt, was sie erwerben? Ein Unternehmen mit Mitarbeitenden (mit ihren Erwartungen, Hoffnungen, Sorgen), mit Beziehungen zu Kunden und Lieferanten.

Ist der Preis, der in solchen Fällen ermittelt wird, fundiert? Gibt es Methoden, mit denen wir den Wert eines Unternehmens berechnen können? Oder ist alles nur das Ergebnis nächtelanger Verhandlungsrunden zwischen nervenstarken Managern und dem Spiel der Marktwirtschaft, d.h. Angebot und Nachfrage?

Die Antwort: Der Wert eines Unternehmens basiert auf dem inskünftig zu erwartenden Nutzen. Alles, was in der Zukunft liegt, ist mit Chancen und Risiken verbunden. Für die Berechnung des Unternehmenswertes werden Budgets, Planrechnungen und Schätzungen beigezogen. Es bleibt aber immer ein Bewertungsspielraum. Jede Bewertung ist mit subjektiven Elementen behaftet und letztlich eine persönliche Einschätzung. Und schliesslich werden Kauf- und Verkaufspreise in Verhandlungen festgelegt. Hier bleibt Raum für Taktiken und Strategien.

Eine Studie der Unternehmungsberatung The Boston Consulting Group zeigte, dass sich in Krisenzeiten Übernahmen und Fusionen eher lohnen als beim Aufschwung. Unternehmen werden in einer Rezessionsphase generell tiefer bewertet.

Gemäss verschiedenen, in den Ergebnissen übereinstimmenden Studien vernichten mehr als 60% sämtlicher Transaktionen Shareholder Value und nur 20% der Transaktionen generieren einen Mehrwert. D.h., die Übernahmen und Fusionen führten bei mehr als 60% der Transaktionen zu Fehlinvestitionen. Ein Wirtschaftsführer sagte einmal, es lasse sich erst nach einiger Zeit beurteilen, ob der Kaufpreis für ein Unternehmen angemessen gewesen sei.

Herrenschwanden, Dezember 2016 Christoph Mücher

Inhaltsverzeichnis

Vorwort	5
Inhaltsverzeichnis	6
Abkürzungsverzeichnis	9
1	**Grundlagen der Unternehmensbewertung**	**11**
1.1	«Wert» und «Preis» eines Unternehmens	11
1.2	Risiken und Chancen bei Firmenakquisitionen	14
1.3	Gründe für den Kauf oder Verkauf eines Unternehmens	15
1.4	Arbitriumswert / Entscheidungswert / Argumentationswert	18
1.5	Wertbegriffe	22
1.6	Zukunftserwartungen / Planungsrechnungen	25
1.7	Der theoretisch richtige Bewertungsansatz	30
1.8	Brutto- / Netto-Methode	33
2	**Steuern**	**37**
2.1	Kapitalsteuern / Stempelsteuern / Gewinnsteuern	37
2.2	Latente Steuern	39
3	**Zinssatz / Kapitalkostensatz / WACC**	**43**
3.1	Aufgaben und Bedeutung des Kapitalisierungszinsfusses	43
3.2	Bestimmung und Anwendung des Kapitalkostensatzes / WACC	47
4	**Verfahren der Unternehmensbewertung**	**55**
4.1	Bewertungsmethoden	55
4.2	Wozu wird der Substanzwert ermittelt?	56
4.3	Grundsätze für die Ermittlung des Substanzwertes	59
4.4	Ertragswert-Methode	63
4.5	Mittelwert- oder Praktiker-Methode	69
4.6	Übergewinn-Methode / Goodwill-Rentendauer	71
4.7	Grundsätzliches zur DCF-Methode	74
4.8	Details zur Berechnung des Free Cashflows	79
4.9	Grundsätzliches zur EVA-Methode	86
4.10	Equity Equivalents und Conversions	94
5	**Denksportaufgaben**	**97**
5.1	Grundlagen der Unternehmensbewertung	97
	5.1.1 Synergieeffekt / Abweichung Kaufpreis und Unternehmenswert / IPO	97
	5.1.2 Gründe für Kauf / Verkauf eines Unternehmens / Management-Buy-out	98
	5.1.3 Unterlagen für Unternehmensbewertung / externe Faktoren	98
	5.1.4 Daten und Informationen beim Kauf einer Liegenschaft / Wertbegriffe	98

	5.1.5	Risiken bei Absatzplanung 99
5.2	Zinssatz / Kapitalkostensatz / WACC 99
	5.2.1	Bestimmen des WACC / Kapitalkostensatzes 99
5.3	Verfahren der Unternehmensbewertung «statisch» 101
	5.3.1	Substanzwert 101
	5.3.2	Grundsätze bei der Ermittlung des Substanzwertes 102
	5.3.3	Ertragswert 104
	5.3.4	Praktiker-Methode 105
	5.3.5	Gesamtaufgabe Substanzwert / Ertragswert / Praktiker-Methode ...106
5.4	Verfahren der Unternehmensbewertung «dynamisch» 110
	5.4.1	DCF-Methode 110
	5.4.2	Investitionen und Veränderung Netto-Umlaufvermögen 113
	5.4.3	EVA / Spread 114
	5.4.4	DCF- und EVA-Methode 115
	5.4.5	EVA und Equity Equivalents 118

6 Gesamtaufgaben 123

6.1	Kapitalkostensatz / WACC 123
6.2	Beta / WACC 123
6.3	Beta / WACC 124
6.4	Aufteilung der Zinskosten 125
6.5	Aufteilung der Zinskosten 127
6.6	Ziel-Gewinn / Ziel-NOPAT / Spread 128
6.7	Anwendung Spread 132
6.8	Substanzwertberechnung MIRA AG 132
6.9	Latente Steuern / Substanzwert netto 138
6.10	Ertragswertberechnung MIRA AG 140
6.11	Fragen zum Substanzwert und Ertragswert 143
6.12	Latente Steuern / Unternehmenswert Praktiker- und Übergewinn-Methode 144
6.13	Unternehmenswert nach der Praktiker-Methode 147
6.14	Unternehmenswert nach der Übergewinn-Methode 152
6.15	Praktiker-Methode und Goodwill-Rentendauer 156
6.16	Fragen zur Praktiker- und Übergewinn-Methode 158
6.17	Anwendung Praktiker- und Übergewinn-Methode 159
6.18	Discounted-Cashflow-Methode (DCF-Methode) CAMA AG 161
6.19	Unternehmenswert nach der DCF- und der Praktiker-Methode 164
6.20	EVA-Methode CAMA AG 167
6.21	Unternehmenswert nach der DCF- und EVA-Methode 171
6.22	Unternehmenswert nach der DCF- und EVA-Methode 174
6.23	Unternehmenswert nach der EVA- und DCF-Methode 175

6.24 Unternehmenswert nach der EVA- und DCF-Methode 179
6.25 DCF-Methode 183
6.26 DCF-Methode mit Ertragswachstum 185
6.27 DCF-Methode 186
6.28 Unternehmenswert DCF-Methode / Entity-Ansatz 187
6.29 Unternehmenswert EVA- und DCF-Methode / Entity-Ansatz 188
6.30 Berechnen Free Cashflow 193
6.31 Free Cashflow 196
6.32 EVA 198
6.33 Unternehmenswert nach der EVA-Methode 201
6.34 Fragen zur DCF-Methode 203
6.35 Fragen zur Behandlung von Steuern und EVA-Methode 204
6.36 Anwendung EVA-Methode 205
6.37 Anwendung DCF-Methode 206
6.38 EVA-Methode mit und ohne Berücksichtigung von stillen Reserven 207
6.39 EVA-Methode mit Forschungs- und Entwicklungskosten 208
6.40 Unternehmenswert EVA-Methode / Entity- / Equity-Ansatz 213
6.41 Spread / ROIC / WACC / EVA-Methode 215

7 Abzinsungstabellen 219

Stichwortverzeichnis 223

Abkürzungsverzeichnis

BIP	Bruttoinlandsprodukt
bzw.	beziehungsweise
CAPM	Capital Asset Pricing Model (Preismodell für Kapitalgüter)
DCF	Discounted Cashflow (abgezinster Zahlungsstrom)
d.h.	das heisst
EBIT	Earnings Before Interest and Taxes (Gewinn vor Zinsen und Steuern)
EK	Eigenkapital
etc.	et cetera
EVA	Economic Value Added (Geschäftswertbeitrag)
EW	Ertragswert
f./ff.	folgende/fortfolgende
F & E	Forschung und Entwicklung
FCF	Free Cashflow (freier Cashflow, «frei verfügbare Mittel»)
FK	Fremdkapital
GK	Gesamtkapital
inkl.	inklusive
IPO	Initial Public Offering (Börsengang, «Going Public»)
KMU	kleine und mittlere Unternehmen
LL	Lieferungen und Leistungen
MVA	Market Value Added (Marktwertzuwachs)
NOA	Net Operating Assets (investiertes Betriebskapital, «betriebliches Nettovermögen»)
NOPAT	Net Operating Profit After Tax (Gewinn vor Zinsen nach Steuern)
NUV	Netto-Umlaufvermögen
p.a.	per annum (pro Jahr)
resp.	respektiv
ROIC	Return on Invested Capital (operative Rentabilität)
SPI	Swiss Performance Index

SW	Substanzwert
TCHF	Tausend Schweizer Franken
u.a.	unter anderem/und andere
WACC	Weigthed Average Cost of Capital (gewichteter Gesamtkapitalkostensatz)
VJ	Vorjahr
z.B.	zum Beispiel

1 Grundlagen der Unternehmensbewertung

1.1 «Wert» und «Preis» eines Unternehmens

Zwischen dem «berechneten/erwarteten» Unternehmenswert, dem bezahlten Preis und dem «tatsächlichen Wert» eines Unternehmens können wesentliche Differenzen bestehen. Wenn die These aufgestellt wird, dass der tatsächliche Wert eines Unternehmens erst zwei, drei Jahre nach dem Kauf ersichtlich wird, zeigt uns die Praxis, dass der bezahlte Preis in über 50% der Übernahmen teilweise weit über dem tatsächlichen Wert des erworbenen Unternehmens lag. Abschreibungen in Millionen- und Milliardenhöhe sind die Folgen davon.

«Wert» und «Preis» bilden nach allgemeiner Auffassung eigenständige Begriffe. In diesem Kapital sollen die Unterschiede zwischen «Unternehmenswert» und «Unternehmenspreis» dargelegt sowie die wichtigsten Einflussfaktoren diskutiert werden.

Unter «Preis» verstehen wir das Entgelt, welches für ein Objekt (z.B. ein Unternehmen) zwecks Eigentumsübertragung zu bezahlen ist. Demgegenüber ist der «Wert» ein viel komplexerer Begriff. Der Wertbegriff enthält einerseits eine subjektive Einschätzung, welche sowohl von der «Schätzmethode» als auch von der aktuellen Situation mitbestimmt wird. Insofern stellen Werte immer subjektive Nutzenvorstellungen dar. Andererseits wird in der mikroökonomischen Entscheidungstheorie der Wert als Grenzpreis definiert. Dies bedeutet für uns, dass Bewertungen immer vor dem Hintergrund einer (subjektiven) Alternativanlage vollzogen werden.

Im Rahmen von Unternehmensbewertungen bilden die Bewertungsgutachten die Basis für die Festlegung des Unternehmenspreises. Die der Unternehmensbewertung zugrunde liegenden Faktoren, wie zum Beispiel Budgets, erwartete Trends und Kapitalisierungszinssatz, werden in diesen Gutachten dargelegt und einer eingehenden Prüfung unterzogen. Häufig werden Unternehmenswerte bzw. die verwendeten Daten und Faktoren zusätzlich durch eine Due-Diligence-Prüfung oder durch eine Second Opinion validiert. Im Bewertungsgutachten wird in der Regel kein exakter Unternehmenswert ausgewiesen, sondern nur eine Bandbreite (ein sogenannter «range») aufgezeigt, innerhalb welcher sich der Unternehmenswert bewegt.

Der effektiv bezahlte Preis für ein Unternehmen kann von diesem berechneten Unternehmenswert unter Umständen wesentlich abweichen. Es gibt viele Gründe, weshalb zwischen dem bezahlten Preis und dem berechneten Wert ein

1.1 «Wert» und «Preis» eines Unternehmens

Unterschied besteht. Einige Faktoren sollen anhand des untenstehenden Beispiels diskutiert werden:

Beispiel

Als Geschäftsleitungsmitglied einer Tochtergesellschaft des Konzerns MXL wurden Sie beauftragt, die vertraulichen Verhandlungen mit einem potenziellen Käufer zu führen. Als Basis für den Verkauf der Tochtergesellschaft hat die Beratungsgesellschaft CPA ein Bewertungsgutachten erstellt. Der Unternehmenswert liegt laut dieser Expertise zwischen CHF 90 bis 95 Millionen. Sie haben die Vollmacht, bei einem Preis innerhalb dieser Bandbreite definitiv abzuschliessen. Lehnen Sie sich zurück (schauen Sie, was der andere macht, ah, der macht auch nichts, Sie können sich weiter zurücklehnen) und überlegen Sie, welche Erwartungen Sie und der Verwaltungsrat bei dieser geplanten Transaktion haben könnten. Nehmen Sie sich dazu ein paar Minuten Zeit und notieren Sie auf einem Blatt Papier:

- Gedanken zu den Erwartungen der anderen Mitglieder der Geschäftsleitung, des Verwaltungsrates und der Aktionäre;
- Gedanken zu den persönlichen Konsequenzen, welche der Verkauf für Sie haben könnte (55-jähriger Mitarbeiter).

Die anderen Mitglieder der Geschäftsleitung, der Verwaltungsrat und die Aktionäre könnten zum Beispiel die folgenden Erwartungen hegen:

- Der Unternehmenswert ist mit CHF 95 Millionen zu tief, das Ziel der Verhandlung muss sein, mit einem Verkaufspreis von über CHF 100 Millionen abzuschliessen.
- Welche Überlegungen macht der potenzielle Käufer, weshalb will er unser Unternehmen kaufen (Synergieeffekte, Ausschalten der Konkurrenz, Wachstum mittels Erwerb von Unternehmen, hat zu grosse Liquidität und will Beteiligungen akquirieren)?
- Bei welchen Faktoren im Bewertungsgutachten besteht ein Handlungsspielraum, damit der Unternehmenswert höher wird (tieferer Kapitalisierungszinssatz, höheres Wachstum als geplant, tiefere Kosten, höhere Erträge, Reingewinne, Cashflows usw.)?
- Gibt es noch andere potenzielle Käufer, welche mehr bieten?
- Warum wollen wir verkaufen (z.B.: Der Hauptaktionär will sich vom Geschäft zurückziehen, die Geschäftstätigkeiten des Unternehmens gehören nicht zum Kerngeschäft des Konzerns, zu klein, um in Zukunft allein auf

- dem Markt bestehen zu können, siehe auch Kapitel 1.3: Gründe für den Kauf und Verkauf eines Unternehmens)?
- Besteht, wenn wir noch zuwarten, eine Chance, dass der Unternehmenswert bzw. der Verkaufspreis wesentlich höher sein könnte?

Oder ein paar subjektive Überlegungen (werden meist nicht offen dargelegt):

- Ich bin bereits 55-jährig, einen vergleichbaren Job finde ich nicht mehr. Das Ziel der Verhandlung muss vor allem darin liegen, für mich und dann allenfalls für die anderen Mitglieder der Geschäftsleitung, welche nicht weiterbeschäftigt werden, eine möglichst grosse Abfindungssumme im Verhandlungspaket unterzubringen. Ob das Unternehmen mit 90 oder 95 Millionen verkauft wird, ist mir persönlich egal.
- Was schaut für mich heraus, wenn ich bei den Verhandlungen mit einem Preis über 95 Millionen abschliessen kann?
- Wenn ich für einen möglichst hohen Verkaufspreis keinen besonderen Anreiz habe, kann ich den Deal mit einem tieferen Preis, zum Beispiel 90 Millionen, abschliessen? Für mein Entgegenkommen und meine Flexibilität bei diesen Verkaufsverhandlungen erhalte ich (oder eine von mir beherrschte Gesellschaft) einen «Beratungsauftrag» von 1 bis 2 Millionen.
- Wenn ich die Verhandlungen scheitern lasse, was passiert dann?

Anhand von diesem Beispiel haben Sie gesehen, dass in der Regel die Unternehmensbewertung die Basis für die Bestimmung des Preises bildet. Neben dem Unternehmenswert fliessen weitere objektive und subjektive Verkaufsargumente in die Preisbildung ein.

Grafisch können wir unsere Überlegungen wie folgt darstellen:

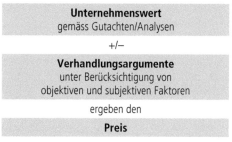

Abbildung 1: Unternehmenswert und Preis

Zusammenfassung

Für die Festlegung des Kauf- oder Verkaufspreises eines Unternehmens (gilt analog für Unternehmenszusammenschlüsse, Festsetzung des Aktienpreises bei Going Public, Management-Buy-out usw.) werden meist vorerst Unternehmensbewertungen durchgeführt. Dabei können externe Berater beigezogen werden. Bei der Berechnung des Unternehmenswertes besteht ein Bewertungsspielraum.

Bei den Kauf- bzw. Verkaufsverhandlungen werden weitere Argumente sowie objektive und subjektive Faktoren eingebracht, welche letztlich die Höhe des bezahlten Preises für das Unternehmen bestimmen.

Im Weiteren haben die üblichen Marktkräfte wie Angebot und Nachfrage, Konjunkturzyklen, die Verfassung der Finanzmärkte («Bären-» oder «Bullen-Markt») und die Kapitalzinsen einen Einfluss auf den Unternehmenswert bzw. den Unternehmenspreis.

1.2 Risiken und Chancen bei Firmenakquisitionen

Akquisitionen von ganzen Unternehmen haben meist weitreichende Auswirkungen auf die betroffenen Gesellschaften. Neben den betriebswirtschaftlichen Aspekten (zukünftige Erträge, Cashflows, Budgets, Finanzpläne, Finanzierung, Konkurrenz usw.) sind auch menschliche, wettbewerbspolitische und ökologische Gesichtspunkte zu beachten.

Folgende Faktoren können die Erfolgsaussichten einer Akquisition positiv oder negativ beeinflussen:

Faktoren	Chancen	Risiken
Strategie/Geschäftspolitik	Akquisition passt zur Strategie, damit können neue Geschäfts-, Produkt- und Marktgebiete aufgebaut werden.	Der Aufbau von neuen Gebieten kostet zu viel bzw. der erwartete Erfolg, Cashflow wird nicht erreicht. Kräfte werden verzettelt.
Übernahmepreis/Unternehmensbewertung	Die Preisfindung erfolgte auf realistischen Erwartungen (welche in der Folge auch erfüllt werden). Planrechnungen sind plausibel. Die Synergien übertreffen die Erwartungen.	Synergiehoffnungen, die nicht erfüllt werden, mangelnde Durchsetzung und falsche Entscheide führen zu unrealistischen Erwartungen. Zu hoher Preis für die Akquisition.
Integration der Akquisition	Zeitlich, sachlich und menschlich optimale Integration der Unternehmen. Wenn die Kultur stimmt, arbeiten die Mitarbeitenden motiviert mit.	Durch die Reorganisation wird das Know-how zerschlagen, die Integration dauert zu lange, das Management ist überfordert, Demotivation der Mitarbeitenden.

Unrealistische Strategien, Selbstüberschätzungen des Managements, falsche Zusammensetzung von Projektteams, zu wenig Managementkapazitäten und Vernachlässigung von kulturellen Aspekten können zum «Desaster» führen.

> **Zusammenfassung**
> Bei Unternehmenszusammenschlüssen und Fusionen sind neben den finanzwirtschaftlichen Aspekten weitere Faktoren zu beachten.
> Chancen und Risiken sind aufzuzeigen und abzuwägen. Mit Akquisitionen können neue Geschäfts-, Produkt- und Marktgebiete aufgebaut werden. Bei falschen strategischen Entscheidungen, unrealistischen Erwartungen, überhöhten Kaufpreisen und Nichtbeachten von kulturellen Aspekten werden die erhofften «Mehrwerte» meist nicht realisiert.

1.3 Gründe für den Kauf oder Verkauf eines Unternehmens

Die Anlässe für eine Unternehmensbewertung sind in der Praxis vielfältig. In diesem Kapitel sollen die wichtigsten Bewertungsanlässe dargestellt werden. Ebenfalls wird der übliche Aufbau eines Bewertungsgutachtens vorgestellt.

Vielfach werden Bewertungen von Unternehmen oder Unternehmensteilen bei Handänderungen (insbesondere Kauf und Verkauf von Unternehmen; englisch: «Mergers and Acquisitions») vorgenommen. Wie wir im Kapitel 1.1 gesehen haben, bildet in der Regel eine Unternehmensbewertung die Basis für Kauf- bzw. Verkaufsverhandlungen.

Die Käufe und Verkäufe von Unternehmen bilden in der heutigen globalisierten Welt einen wichtigen Bestandteil des Wirtschaftslebens. Dabei können u.a. die folgenden Motive für den Kauf oder Verkauf eines Unternehmens massgebend sein:

Gründe für einen Kauf	Gründe für einen Verkauf
• Marktanteil erhöhen • Ausschalten von Konkurrenten • Anstreben einer Monopolstellung • Diversifikation • Erwerb von Patenten, Lizenzen (Einkauf in Technologie) • Ausschöpfung von Synergieeffekten • Aufbau eines Standbeins in einem anderen Land (geografische Expansion)	• Fokussierung (Beschränkung auf das Kerngeschäft), Verkauf der anderen Geschäftsbereiche • Nachfolgeprobleme • Finanzierungs- oder Managementprobleme • Ungenügende Ertragslage • Druck von Dritten (Banken, Kunden, Lieferanten, Hauptaktionäre, Konkurrenz etc.)

Unternehmen mit hohem Substanzwert und tiefem Ertragswert können für Investoren mit kurzfristigem Anlagehorizont interessant sein. Der Unternehmenswert ist bei dieser Konstellation eher tief, d.h., die Substanz kann relativ günstig erworben werden. Nach der Übernahme werden die verwertbaren Aktiven (Liegenschaften, welche anders genutzt werden können) «versilbert» und der Gewinn realisiert.

Neben den Handänderungen von Unternehmen resp. Unternehmensteilen stellen die folgenden geschäftlichen Transaktionen zusätzliche Anlässe für eine Unternehmensbewertung dar:

- Fusionen, Entflechtungen, Umwandlungen von Unternehmen
- Gründung einer Gesellschaft mit Sacheinlage
- Teilungen nach Erbrecht oder ehelichem Güterrecht (Scheidungen)
- Festsetzung des Emissionskurses bei (Aktien-)Kapitalerhöhungen (inkl. Bestimmung des Agios), Festlegung des Ausgabekurses bei einem Going Public/IPO (Initial Public Offering)
- Management-Buy-out: Verkauf der Unternehmen an das Management
- Erhöhung, Verlängerung oder Aufnahme von Krediten, Sanierungen (Nachweis der Bonität und der Zukunftschancen für Banken und für andere Gläubiger)
- Gerichtliche, schiedsgerichtliche und aussergerichtliche Auseinandersetzungen, bei denen der Unternehmenswert eine Rolle spielt (Enteignungen, Schadensfälle, Versicherungsfälle, Ausscheiden eines Teilhabers/Hauptaktionärs)
- Aufnahme von neuen Gesellschaftern
- Nachweis des effektiven Wertes von erworbenem Goodwill bei Rechnungslegung nach IFRS (sogenannter Impairment Test)
- Im Rahmen des Value Based Management (wertorientierte Unternehmensführung), Bewertung von Geschäftsfelderstrategien, wertorientierte Vergütung von Managern.

Um einen möglichst objektiven Unternehmenswert zu erhalten, werden u.a. Treuhand- und Beratungsgesellschaften mit der Bewertung von Unternehmen beauftragt. Zusehends führen auch die Spezialabteilungen «Mergers and Acquisitions» resp. «Corporate Finance» von Banken und Finanzgesellschaften (Beratung, Vermittlung und Finanzierung bei Erwerb von Unternehmen) regelmässig Unternehmensbewertungen durch (wenn im Nachhinein nicht der gewünschte/erwartete Erfolg eintritt, sind die Spezialisten «schuld»).

Dabei treten die Banken vermehrt bei Kapitalerhöhungen und bei der Festlegung des Emissionspreises beim Going Public (IPO) als Berater auf. Hier wird neben dem Wert der Unternehmen die Konjunkturlage, die Börse und die Einschätzung der zukünftigen Marktentwicklung sowie die Liquidität des Kapitalmarktes mitberücksichtigt.

Die Gutachten/Expertisen können je nach Grösse der Unternehmen inkl. Beilagen über 100 Seiten aufweisen.

Beispiel
Sie sind in einer Beratungsgesellschaft tätig, welche u.a. auch Unternehmensbewertungen durchführt. Sie haben von der Gesellschaft MLX den Auftrag erhalten, für ein allfälliges Management-Buy-out den Unternehmenswert zu ermitteln. Ihr Gutachten soll als Basis dienen, damit der Übernahmepreis der Aktien bestimmt werden kann. Nach zwei Wochen liegen die Berechnungen vor und Sie erstellen zusammen mit Ihrem Assistenten den Bericht. Dieser hat bis anhin noch keinen solchen Bericht erstellt und möchte von Ihnen wissen, wie dieses Gutachten etwa aufgebaut sein könnte, damit er einen Entwurf vorlegen kann.

Lehnen Sie sich zurück (schauen Sie, was der andere macht, ah, der macht etwas, Sie können sich weiter zurücklehnen, denn das, was er macht, ist sinnlos) und überlegen Sie sich, wie dieser Bericht gegliedert werden könnte und welcher Aufbau möglich wäre. Nehmen Sie sich dazu ein paar Minuten Zeit und notieren Sie diese auf einem Blatt Papier.

Hier ein Vorschlag für den Berichtsaufbau (andere Varianten sind ebenfalls möglich).

Zusammenfassung des Ergebnisses/Management Summary:

- Abgrenzung des Auftrages. Es sind die wesentlichen Punkte des Mandats festzuhalten und die Zuständigkeiten aufzuzeigen. Hinweise auf mögliche Problemfelder, die nicht abschliessend beurteilt/bewertet werden können. Abgrenzung der Verantwortlichkeiten. Was ist nicht Gegenstand des Auftrags?
- Wer ist Auftraggeber (bisherige Inhaber/Hauptaktionär, die Geschäftsleitung des Unternehmens = dieselben Leute, welche am Management-Buy-out interessiert sind); Unabhängigkeit, objektive Ermittlung des Unternehmenswertes kann tangiert werden, je nach Auftraggeber.
- Welche Unterlagen sind für die Bewertung verwendet worden (Bilanz per Stichtag xx, Budgets/Planungsrechnungen für die Jahre xx usw.)?

- Allgemeine Ausführungen zur Unternehmensbewertung und zur verwendeten Bewertungsmethode.
- Ausführungen und Erläuterungen zum verwendeten Kapitalkostensatz (Zinssatz).
- Erläuterungen zu den Planungsrechnungen/Entwicklung/Trends.
- Je nach Bewertungsmethode Erläuterungen zum Substanzwert, zum Ertragswert, zur Berechnung des Free Cashflows, zur Berechnung des Unternehmenswertes nach der EVA-Methode usw.
- Berechnung des Unternehmenswertes, allenfalls Erläuterungen zur Bandbreite des Unternehmenswertes.
- Schlusswort und Dank an die beteiligten Mitarbeitenden und an den Auftraggeber, Datum, Unterschrift.
- In den Anhängen können die Details zu den verwendeten Unterlagen (Bilanz per Stichtag, Planungsrechnungen, Budgets usw.) beigelegt werden.

Zusammenfassung

Die Anlässe für eine Unternehmensbewertung sind vielfältig. Meist wird beim Kauf oder Verkauf von Unternehmen oder Unternehmensteilen eine Unternehmensbewertung durchgeführt.

Das Ziel ist in der Regel eine möglichst objektive Bewertung des zukünftigen Nutzens der Unternehmen, d.h. des betriebswirtschaftlichen Wertes der Unternehmen.

Unternehmensbewertungen können ebenfalls bei Fusionen und Zusammenschlüssen, IPO, Management-Buy-outs, Impairment-Tests nach IFRS, gerichtlichen Auseinandersetzungen, Erhöhungen des Aktienkapitals usw. erfolgen.

1.4 Arbitriumswert / Entscheidungswert / Argumentationswert

Bevor eine Unternehmensbewertung durchgeführt wird, ist zu bestimmen, warum und für welchen Zweck diese durchgeführt wird. Wenn ein Berater/Experte beigezogen wird, sind im Auftrag die Zielsetzung und die Funktion des Gutachters klar festzulegen. Bei den im Kapitel 1.3 aufgeführten Anlässen ist auch zu überlegen, ob mit dem Gutachten ein

- Arbitriumswert (ermitteln eines objektiven betriebswirtschaftlichen Unternehmenswertes)

- Entscheidungswert (zu welchem Preis ist es wirtschaftlich noch sinnvoll zu kaufen bzw. zu verkaufen, wo liegt der Grenzpreis/die Limite?)
- Argumentationswert (welche Argumente unterstützen den Verkäufer, einen möglichst hohen Preis zu erzielen, bzw. den Käufer, einen tiefen Preis zu entrichten?)

ermittelt werden soll.

Handelt es sich um ein «Parteigutachten» oder wurde die Bewertung nach möglichst objektiven Kriterien durchgeführt? Je nach Auftrag übt der Experte eine Vermittlungs- (= Arbitriumswert), Beratungs- (= Entscheidungswert) oder Argumentationsfunktion (= Argumentationswert) aus. Je nach Zielsetzung (Beratungs-, Entscheidungs- oder Argumentationsfunktion) wird die Bewertung der Substanz, des Ertrages, der Zukunftseinschätzung und des angewendeten Zinssatzes differenziert erfolgen.

- Arbitriumswert: Der Experte soll einen möglichst objektiven (fairen) Wert für beide Parteien (Verkäufer und Käufer) berechnen. U.a. bei einem Management-Buy-out, bei einer bevorstehenden Fusion usw. Der objektive Unternehmenswert entspricht meist nicht dem Preis/bezahlten Wert, sondern bildet die Basis für Verhandlungen.
- Entscheidungswert: Der Experte soll für eine Partei die Grenze der Konzessionsbereitschaft ermitteln. Zu welchem Preis kaufe ich bzw. bin ich bereit zu verkaufen. Es ist ein Grenzpreis, der bei rationalem Verhalten nicht unterschritten bzw. überschritten werden sollte. Beispiel: Der Finanzdirektor ermittelt den Wert, wie viel höchstens für die Übernahme des Unternehmens X bezahlt werden kann (unter Berücksichtigung von allfälligen Synergieeffekten); der Hauptaktionär berechnet den Preis, bei welchem er bereit wäre, sein Aktienpaket zu verkaufen.
- Argumentationswert: Der Berater unterstützt durch Argumente eine Verhandlungspartei, damit das vom Auftraggeber angestrebte Verhandlungsresultat erreicht wird. D.h., bei einem Verkauf werden die positiven Argumente hervorgehoben. Argumentationswerte werden unter der Etikette von objektiven Unternehmenswerten in die Verhandlungen eingeführt. Der Berater B soll zur Unterstützung eines Verkaufsangebotes ein (Partei-)Gutachten erstellen, welches vor allem die positiven Faktoren/Punkte bewertet und mit (zu) optimistischen Zukunftsaussichten rechnet.

1.4 Arbitriumswert / Entscheidungswert / Argumentationswert

Beispiel

Sie sind massgebendes Mitglied der Geschäftsleitung der Gesellschaft LM. Mit Zustimmung des bisherigen Hauptaktionärs ist der Verwaltungsrat zu einem Management-Buy-out bereit. Sie erhalten den Auftrag, einen Experten zu suchen und mit diesem den Unternehmenswert Ihrer Gesellschaft zu berechnen. Das Gutachten soll als Basis dienen, damit der Übernahmepreis der Aktien bestimmt werden kann.

a) Wie formulieren Sie den Auftrag an den Experten, welche Überlegungen und Gedanken begleiten Sie bei der Auftragsformulierung?
b) Wie würde der Hauptaktionär den Auftrag formulieren, welche Gedanken könnten ihm durch den Kopf gehen?
c) Sie haben den Auftrag an den Experten formuliert und nach zwei Wochen liegt das Gutachten auf dem Tisch. Es wird ein Unternehmenswert zwischen 6 bis 7 Millionen ausgewiesen. Der Hauptaktionär hat einen Unternehmenswert von 10 Millionen erwartet. Er spricht von einem Parteigutachten zugunsten des Managements. Was machen Sie?

Lehnen Sie sich zurück (schauen Sie, was der andere macht, ah, der macht etwas, er macht ein paar wunderschöne Folien, so etwas haben Sie schon lange nicht mehr gesehen. Sie können sich weiter zurücklehnen, denn die Ausführungen auf den Folien sind unbrauchbar) und überlegen Sie sich Ihre Antworten zu den obigen Fragen a–c. Nehmen Sie sich dazu ein paar Minuten Zeit und notieren Sie diese auf einem Blatt Papier.

Frage a)

Gedanken zur Auftragsformulierung/Mitglied GL:

- Der Unternehmenswert ist aufgrund von objektiven betriebswirtschaftlichen Daten zu berechnen. Als Unterlagen werden dem Experten die Planungsrechnungen für die nächsten 5 Jahre zur Verfügung gestellt. Ebenfalls erhält er den kürzlich erarbeiteten Businessplan. Es ist Aufgabe des Experten, mit welchen Methoden er den Unternehmenswert berechnet. Das Gutachten soll in 2 Wochen vorliegen. Die Aufwendungen des Experten werden mit einem Stundensatz von CHF xxx entschädigt. Alle Informationen, die er bei seiner Arbeit erhält, sind vertraulich und dürfen nicht weiterverwendet werden.

- Ich suche einen Experten aus, der eher für eine vorsichtige Unternehmensbewertung bekannt ist (ob man diese Information hat?). Beim Gespräch mit dem Experten werde ich ihm zwischen den Zeilen mitteilen, dass er von der Geschäftsleitung nach dem Management-Buy-out mit

weiteren Aufträgen rechnen könne. Der Wert des Unternehmens müsse noch bezahlbar sein.
- Seit Jahren habe ich mich für dieses Unternehmen aufgeopfert, am Sonntag gearbeitet und x Überstunden (gratis) geleistet. Jetzt soll mit dem Management-Buy-out endlich etwas zurückfliessen.

Frage b)
Gedanken zur Auftragsformulierung/Aktionär:
- Der Unternehmenswert ist aufgrund von objektiven betriebswirtschaftlichen Daten zu berechnen (siehe oben).
- Ich suche einen Experten aus, der eher für eine optimistische Unternehmensbewertung bekannt ist (ob man diese Information hat?). Beim Gespräch mit dem Experten werde ich ihm zwischen den Zeilen mitteilen, dass ich einen hohen Unternehmenswert erwarte. Sofern meine Zielvorstellungen erreicht werden, erhalte er dann noch ein zusätzliches Honorar.
- Seit Jahren hat sich die Geschäftsleitung mit ihren hohen Salären, Spesen etc. an meiner Gesellschaft schadlos gehalten. Jetzt soll mit dem Management-Buy-out endlich etwas zurückfliessen.
- Die Geschäftsleitung hat dieses Unternehmen auf Vordermann gebracht. Jetzt soll sie bei diesem Management-Buy-out endlich dafür entschädigt werden. Der Preis soll fair sein. Auf zwei oder drei Millionen weniger kommt es mir nicht an.

Frage c)
Mögliche Antworten zur Frage des Parteigutachtens:
- Der Auftrag wurde an einen ausgewiesenen Experten vergeben, es wurde klar festgehalten, dass der Unternehmenswert aufgrund von betriebswirtschaftlich objektiven Daten zu ermitteln sei.
- Der Experte ist einzuladen. Er kann sein Vorgehen, die gewählten Methoden, warum er zu einem Wert von 6 bis 7 Millionen kommt, im Detail erläutern. Zudem kann aufgezeigt werden, wo bei optimistischer Betrachtungsweise einzelne Faktoren für die Unternehmensbewertung anders dargestellt werden können und was dies letztlich für Auswirkungen auf den Unternehmenswert hätte.
- Es kann ein dritter unabhängiger Experte mit einer Second Opinion beauftragt werden. Dieser soll beurteilen, ob der ermittelte Unternehmenswert

richtig und nach State of the Art berechnet wurde. Er kann die Berechnung mit verschiedenen Szenarien ergänzen.
- Der ermittelte Unternehmenswert bildet die Basis für die Verhandlungen zwischen dem Käufer (Geschäftsleitung) und dem Verkäufer (Hauptaktionär). Im Vertrag kann vereinbart werden, dass bei Erreichen der geplanten Gewinne, Cashflows, Umsätze etc. in 3 Jahren der Verkaufspreis angepasst wird.

> **Zusammenfassung**
> In der Regel erfolgt eine Unternehmensbewertung zu betriebswirtschaftlichen Werten, die betrieblich notwendigen Unternehmensteile werden zu Fortführungswerten und die nicht betriebsnotwendigen Unternehmensteile zu Liquidationswerten eingesetzt.
> Eine Unternehmensbewertung kann unterschiedliche Ziele verfolgen:
> - Beim Arbitriumswert wird ein möglichst objektiver Wert ermittelt/ berechnet,
> - beim Entscheidungswert wird der Grenzpreis dargelegt,
> - mit dem Argumentationswert werden die Verhandlungen unterstützt.
>
> In der Auftragsumschreibung ist das Ziel klar zu umschreiben. Das Ergebnis einer Unternehmensbewertung ist vom Ziel und den getroffenen Annahmen abhängig. Eine Unternehmensbewertung sollte nachvollziehbar sein (Angabe des Ziels, der Annahmen, der Bewertungsgrundsätze usw.).

1.5 Wertbegriffe

Viele Wertbegriffe haben Sie im Verlaufe Ihrer beruflichen Tätigkeit und beim Studium bereits gehört (Substanzwert, Netto-Substanzwert, nicht betrieblichr Substanzwert, Ertragswert, Reproduktionskostenwert, Wiederbeschaffungswert, Arbitriumswert, immaterieller Wert, Residualwert, Statuswert, Anschaffungswert, Buchwert, kalkulatorischer Restwert, Wiederbeschaffungs-Neuwert und Verkehrswert).

Bei der Unternehmensbewertung werden die betrieblichen Unternehmensteile zu Fortführungswerten bewertet (Going-Concern-Prinzip). Nicht betriebliche Unternehmensteile werden zu Veräusserungs-/Liquidationspreisen eingesetzt.

Sie kennen die aktienrechtlichen Bewertungsgrundsätze, wie Imparitätsprinzip (zukünftige Verluste sind zu bilanzieren, zukünftige Gewinne nicht), Vorsichtsprinzip (von zwei möglichen Werten wird der tiefere Wert bilanziert), Anschaffungskostenprinzip (Sachanlagen werden im Normalfall nicht über den Anschaffungskosten bilanziert) oder die steuerrechtlichen Bewertungsvorschriften. Diese Bewertungsgrundsätze sind bei der Unternehmensbewertung nicht zu beachten, es werden die objektiven betriebswirtschaftlichen Werte ermittelt und eingesetzt.

In einem Bewertungsgutachten für eine Unternehmensbewertung können u.a. die folgenden Wertbegriffe aufgeführt werden:

- Statuswert; massgeblicher Substanzwert; ausgehend von der letzten Bilanz werden die entsprechenden Bilanzpositionen für die Unternehmensbewertung neu bewertet. Der massgebliche betriebswirtschaftliche Substanzwert wird als Statuswert bezeichnet.
- Verkehrswert; geschätzter Verkaufswert, bei Autos Wert gemäss Eurotax.
- Reproduktionskostenwert; Kosten, welche entstünden, um eine gleichwertige Substanz zu erhalten. Was würde es kosten, einen identischen Betrieb (gleiche Qualität, gleiches Alter, gleiche Kapazität) aufzubauen?
- Marktwert; liquide Mittel, Fremdwährungen, Wertschriften und Finanzschulden können zum Marktwert/Tagespreis/Börsenkurs bewertet werden.

Weitere Wertbegriffe in Zusammenhang mit der Unternehmensbewertung werden in den entsprechenden Kapiteln erläutert.

> **Beispiel**
>
> Sie sind massgebendes Mitglied der Geschäftsleitung der Gesellschaft LM. Im Laufe des Jahres zeichnet sich ein operativer Verlust von rund 2 Millionen ab. Der Verwaltungsrat hat beschlossen, die nicht betrieblich notwendige Liegenschaft (ein Mehrfamilienhaus) Ende Jahr aufzuwerten, damit der operative Verlust ausgeglichen werden kann, bzw. es soll noch ein Gewinn von 1 Million ausgewiesen werden. Sie werden beauftragt, das Notwendige zu veranlassen und dem Verwaltungsrat Bericht zu erstatten bzw. ein Konzept vorzuschlagen. Der Finanzchef hat Ihnen zu dieser Liegenschaft folgende Werte zusammengetragen:
> - Buchwert .... 40 Millionen
> - Realwert (Substanzwert) .... 56 Millionen
> - Mietzinseinnahmen pro Jahr .... 4 Millionen
> - Ertragswert bei einem Zinssatz von 8% .... 50 Millionen
>   (4 Millionen: 8%)
> - Brandversicherungswert .... 48 Millionen
> - Kalkulatorischer Restwert .... 45 Millionen
> - Verkehrswert .... 52 Millionen
> - Anschaffungswert .... 60 Millionen

1.5 Wertbegriffe

> Lehnen Sie sich zurück (schauen Sie, was der andere macht, ah, der macht einen schönen Bericht über die Strategie der Firma. Sie können sich weiter zurücklehnen, denn die Strategie wurde an der gestrigen Verwaltungsratssitzung neu definiert, der Bericht ist Makulatur) und überlegen Sie sich, welche Punkte in der Berichterstattung an den Verwaltungsrat wichtig sind. Nehmen Sie sich dazu ein paar Minuten Zeit und notieren Sie diese auf einem Blatt Papier.

Hier einige Gedanken und wichtige Punkte, welche im Bericht an den Verwaltungsrat über die geplante Aufwertung der Liegenschaft aufgeführt werden könnten. Andere Lösungsansätze sind ebenfalls möglich.

- In der Aktiengesellschaft ist die Aufwertung bis zum vorsichtig geschätzten Verkehrswert möglich. Zu beachten sind allfällige Steuerfolgen aus der Aufwertung. Diese sind vom Verkehrswert abzuziehen. Andere Werte wie Brandversicherungswert und kalkulatorischer Restwert können zur summarischen Beurteilung des Verkehrswertes herangezogen werden. Im Brandversicherungswert ist der Landwert nicht berücksichtigt.

- Eine Aufwertung über den Anschaffungswert ist bei einer AG nur bei einem Kapitalverlust möglich.

- Der Verkehrswert wurde wie folgt ermittelt:
  1 mal Substanzwert plus 2 mal Ertragswert, dividiert durch 3 (in Zahlen 1 x 56 und 2 x 50 sind 156 : 3 ergibt 52). Der Ertragswert wurde mit einem relativ hohen Zinssatz kapitalisiert (4 Millionen : 8% = Ertragswert von 50 Millionen) Wenn ein tieferer Zinssatz angewendet würde, zum Beispiel 6%, wäre der Ertragswert höher (4 Millionen : 6% = 66 Millionen) und damit wäre auch der Verkehrswert entsprechend höher.

- Nicht berücksichtigt wurden allfällige Steuerfolgen, welche sich aus der Aufwertung ergeben.

- Da der Buchwert 40 Millionen beträgt, ist eine Aufwertung von 3 Millionen ohne Weiteres möglich. Der neue Buchwert liegt immer noch unter dem vorsichtig geschätzten Verkehrswert und unter dem Anschaffungswert.

- Mit der Aufwertung von 3 Millionen werden im Berichtsjahr stille Reserven aufgelöst. Da diese wesentlich sind, muss im Anhang zur Jahresrechnung die Auflösung dieser stillen Reserven ausgewiesen werden.

- Schlussfolgerung: Eine Aufwertung um 3 Millionen ist Ende Jahr möglich.

> **Zusammenfassung**
> Die Bewertung eines Unternehmens erfolgt in der Regel zu Fortführungswerten (Going-Concern-Prinzip). Nicht betriebsnotwendige Vermögenswerte werden zu Liquidationswerten eingesetzt. Aktienrechtliche oder steuerrechtliche Bewertungsgrundsätze werden bei der Unternehmensbewertung nicht berücksichtigt.
> Es werden die betriebswirtschaftlichen Werte eingesetzt. Soweit möglich erfolgt eine Orientierung an Marktwerten, an Nutzwerten und an Reproduktionskostenwerten (Wiederbeschaffungs-Altwert bei Anlagen und Maschinen). Als Marktwert kann auch der Verkehrswert bezeichnet werden.

1.6 Zukunftserwartungen / Planungsrechnungen

Der Wert eines Unternehmens hängt im Wesentlichen von den zukünftigen (erwarteten, geschätzten, erhofften) Gewinnen, Cashflows, Erträgen bzw. Nutzen ab. Die Daten basieren auf Planungsrechnungen, Budgets und Prognosen. Die langfristige Unternehmensentwicklung ist stark von den Fähigkeiten und dem Geschick des Managements abhängig. Dies wird meist nicht oder zu wenig berücksichtigt. Die Werte Kultur, Know-how, Intelligenz und respektvoller Umgang mit den Menschen und der Umwelt sind nicht quantifizierbar, können aber die Zukunft eines Unternehmens wesentlich prägen.

Die zukünftigen Erfolge werden von externen und internen Faktoren beeinflusst, diese sind zu analysieren und zukunftsbezogen zu beurteilen.

In der Regel wird für Unternehmensbewertungen die letzte geprüfte Jahresrechnung in der Beurteilung berücksichtigt. Diese dient u.a. als Basis für die Ermittlung des betriebswirtschaftlich objektiven Unternehmenswertes und zum Ausscheiden von nicht betrieblichen Vermögensteilen.

Budget / Planung

Für das Erstellen von Budgets sind Analysen des Marktes, der Konkurrenz, der Kosten, der Produktepalette, der Kapazitätsverhältnisse usw. zu berücksichtigen. Aus diesen Analysen und Informationen sind die Budgetziele und -erwartungen konkret abzuleiten. Planbilanzen, Planerfolgsrechnungen und Finanzpläne werden als Gesamtpläne bezeichnet. Solche können aufgrund von vorhandenen Teilplänen erstellt werden. In der Regel wird mit der Budgetierung des Absatzes angefangen. Danach werden (abhängig vom budgetierten Umsatz/Absatz) die anderen Teilbudgets wie Einkauf-, Produktions-, Personal-, Kosten- und Investitionsbudgets erstellt. Am Schluss werden diese Teilbudgets in Plan-Erfolgsrechnungen, Planbilanzen, Finanzplänen usw. zusammengefasst.

Absatzplan

Anhand der Markt- und Konkurrenzanalysen werden Mengen und Preise prognostiziert und nach Kundengruppen, Produkten, Regionen und Marktsegmenten strukturiert und budgetiert.

Ein Unternehmen produzierte bisher zwei Artikel A und B. Von A wird erwartet, dass in den nächsten vier Jahren der Absatz um 2% pro Jahr erhöht werden kann, bei gleichen Verkaufspreisen. Bei Artikel B wird erwartet, dass der Absatz jährlich (die nächsten vier Jahre) um 1% sinkt. Zudem muss der Verkaufspreis im nächsten Jahr um 5% reduziert werden, danach bleibt er stabil. Ist-Zahlen des letzten Jahres: Artikel A, Absatz 200'000 Stück, Verkaufspreis je Stück CHF 60.–; Artikel B, Absatz 100'000 Stück, Verkaufspreis je Stück CHF 100.–.

Das in Entwicklung begriffene Produkt C kommt in zwei Jahren auf den Markt. Es werden folgende Zahlen für Produkt C prognostiziert: Absatz 120'000 Stück im Jahr 3 und 140'000 Stück im Jahr 4; geschätzter Verkaufspreis CHF 120.– je Stück.

Absatzplan	Jahr 1	Jahr 2	Jahr 3	Jahr 4
Produkt A/Absatz in 1'000 Stück	*204*	*208*	*212*	*216*
Produkt B/Absatz in 1'000 Stück	*99*	*98*	*97*	*96*
Produkt C/Absatz in 1'000 Stück	*0*	*0*	*120*	*140*
Produkt A/Umsatz in TCHF	12'240	12'480	12'720	12'960
Produkt B/Umsatz in TCHF	9'405	9'310	9'215	9'120
Produkt C/Umsatz in TCHF	0	0	14'400	16'800
Total Umsatz in TCHF	**21'645**	**21'790**	**36'335**	**38'880**

- Produktionsplan; die geplanten Absatzmengen sind den vorhandenen Produktionskapazitäten (unter Berücksichtigung der Veränderung im Lagerbestand) gegenüberzustellen. Allenfalls sind zusätzliche Produktionsmittel (Investitionen, Personal usw.) einzusetzen. Simultan mit der Lagerplanung soll die Produktion (soweit möglich) geglättet werden und die Materialbereitstellung (Einkaufsplanung) ist sicherzustellen.

- Personalplanung; zu berücksichtigen sind die quantitativen und qualitativen Anforderungen, aufgeteilt nach Produktion/Administration, abhängig vom geplanten Absatz- bzw. Produktionsbudget.

- Investitionsplan; strukturiert nach Ersatz-, Erneuerungs- und Erweiterungsinvestitionen.

Falls, wie bei obigem Beispiel, mit einem erhöhten Absatz und Umsatz gerechnet wird, ist abzuklären, ob das Umlaufvermögen ansteigt. D.h., die Warenvorräte, die Forderungen usw. nehmen bei mehr Umsatz tendenziell zu. Um den neuen Artikel C produzieren zu können, müssen zusätzliche Kapazitäten (Maschinen, Lagerhäuser, Personal usw.) bereitgestellt werden. Die Erhöhung des Absatzes hat Auswirkungen auf das Produktionsbudget, Einkaufsbudget, Lagerbudget, Personalbudget, Kostenbudget, auf den Investitionsplan, Finanzplan, die Planbilanzen und Planerfolgsrechnungen etc.

Businessplan

Der Planungsprozess kann auch im Rahmen eines Businessplans erfolgen. Hier werden die externen und internen Faktoren, welche für die Zukunft des Unternehmens eine Rolle spielen (können), systematisch und vollständig erfasst.

Hinweis: Das Hauptziel des Businessplanes bildet die Darstellung der Unternehmen nach aussen. Er soll für Geschäftspartner eine zuverlässige Entscheidungsgrundlage abgeben. Immer mehr Banken, welche langfristige Kredite finanzieren, machen die Zusage von einem verlässlichen Businessplan abhängig.

Der Businessplan besteht aus folgenden Bausteinen:

Zusammenfassung/Management Summary		
Grund für die Erstellung des Businessplanes	Wichtige Daten über das Unternehmen in Kürze	Informationen über die Unternehmensführung
Produkte/Leistungen	Märkte/Marketing	Konkurrenz
Betrieb und Produktion	Organisation	Infrastruktur/Personal
Finanzplan	Chancen und Risiken	Zeitplan

Er wird wie folgt aufgebaut:

- Zusammenfassung: Welche Leistungen bietet das Unternehmen an, welche Produkte werden verkauft? An wen wird verkauft, welche Kunden, welche Märkte, welche Konkurrenten? Mit welchen Mitteln werden die Produkte und Dienstleistungen verkauft? Zusammensetzung der Geschäftsleitung; Aufzeigen von Chancen und Risiken.

- Unternehmen: Hier werden die bisherige Entwicklung (kurze Firmengeschichte), Rechtsform, wem gehört das Unternehmen, was wurde bereits erreicht (Infrastruktur, Kennziffern über Umsatz, Ertrag, Rendite) und die geplanten Änderungen (Weiterentwicklungen, Neuerungen, zukünftige Produkte und Märkte) dargelegt.

- Standort: Dienstleistungen, Produkte; Verkehrslage, Umfeld, Vorzüge gegenüber der Konkurrenz (Support, Service, guter Name), allfällige Nachteile gegenüber der Konkurrenz.
- Märkte: Marktübersicht (Zielmärkte, Inland, Ausland, Nischen), Marktstellung, Marktanteil, Marktbeurteilung und Chancen (ist auch in Zukunft ein Wachstumspotenzial vorhanden?).
- Konkurrenz: Welches sind die direkten Konkurrenten (Markanteil, Stärken und Schwächen der Konkurrenz)?
- Marketing: Zielmärkte (welche Kunden, Regionen), Marktbearbeitung (Werbung, PR, Inserate, Agenten), Sortimentspolitik (Produktpalette, Dienstleistungsangebote, Preispolitik), Absatz- und Umsatzziele.
- Organisation: Management; Zusammensetzung der Geschäftsleitung und des Verwaltungsrates (Namen, Ausbildung, Erfahrung,) Aufgabenteilung, Organigramm, Revisionsstelle.
- Chancen und Risiken: Nischen, Spezialisierung, Marktanteil, Konkurrenz, Abhängigkeiten Kunden und Lieferanten.
- Finanzen: Planerfolgsrechnungen, Finanzpläne, Planbilanzen, Investitionspläne.

Strategien

Selbstverständlich sind Strategien und Zielsetzungen der Geschäftsleitung (wir produzieren nur umweltgerecht, unsere Produkte werden im Inland hergestellt, wir wollen zusätzlich neue Filialen in Deutschland eröffnen usw.) zu beachten. In den Budgets, Planungsrechnungen und Businessplänen sind weitere Überlegungen wie (zukünftige) gesetzliche Auflagen (Erhöhung des Mehrwertsteuersatzes, Umweltauflagen, andere gesetzliche Bestimmungen, Währung usw.) zu berücksichtigen.

Die Informationen und Daten für die Planrechnungen und die Businesspläne basieren meist auf den Angaben des Managements des zu bewertenden Unternehmens. In den Bewertungsgutachten wird teilweise auf diesen Umstand hingewiesen. Der Gutachter muss sich ein Urteil bilden, ob diese Zukunftsprognosen verlässliche, realistische und richtige Aussagen ermöglichen. Generell muss man sich bewusst sein, dass es sich bei der Ermittlung des nachhaltigen Zukunftserfolges immer um Schätzungen handelt und diese mit Risiken und Unsicherheiten behaftet sind. In der Praxis werden diverse Szenarien durchgespielt. Damit werden die Bandbreiten zwischen verschiedenen Annahmen (z.B.

Absatz: minus 5%, gleichbleibend oder plus 5%) aufgezeigt. Je näher der Planungshorizont liegt, desto realistischer sind die Daten über die zukünftige Entwicklung. Bei Prognosen von mehr als 5 Jahren können meist nur noch Trends aufgezeigt und grobe Schätzungen gemacht werden.

Beispiel
Sie sind massgebendes Mitglied der Geschäftsleitung der Gesellschaft LM. Ihre Gesellschaft soll verkauft werden. Sie wurden bestimmt, die Daten für das Bewertungsgutachten bereitzustellen, damit der Berater KXL unverzüglich mit den Arbeiten für die Unternehmensbewertung beginnen kann. Der Berater hat von Ihnen Unterlagen und Informationen zum Bereich Produkte verlangt. Welche Daten/Informationen sollen der Produktmanager und der Finanzchef für den Berater zusammenstellen und aufbereiten?
Lehnen Sie sich zurück (schauen Sie, was der andere macht, ah, der macht eine schöne Grafik über die relevanten Märkte für das Unternehmen. Sie können sich weiter zurücklehnen, denn die Umsätze in den wichtigsten Märkten sind total eingebrochen, die Grafik ist wertlos) und überlegen Sie sich, welche Unterlagen im Produktebereich zusammengestellt werden müssen. Nehmen Sie sich dazu ein paar Minuten Zeit und notieren Sie diese auf einem Blatt Papier.

Unterlagen und Informationen zum Bereich Produkte. Andere Lösungsansätze sind ebenfalls möglich.

- Eine Übersicht über die relevanten Produkte und die wichtigsten Abnehmer (bestehende Abhängigkeiten von Grosskunden).
- Welche Produkte tragen wie viel zum Umsatz/Deckungsbeitrag bei (ABC-Analysen)?
- Zukünftig erwartete/geplante Umsätze der wichtigsten Produkte, Lebenszyklen der Produkte.
- Zukünftige Entwicklung von Produkten, welche sollen neu am Markt lanciert werden?
- Beschaffungsmärkte, wichtigste Lieferanten, Abhängigkeit von Lieferanten, Preiserhöhungen.

Zusammenfassung
Die Basis für die Budgetierung des Zukunftserfolges bilden die Ist-Zahlen (Daten/Erfahrungen) der Vergangenheit. Interne und externe Faktoren sind zu analysieren und zukunftsbezogen zu beurteilen. In die Planung fliessen Informationen über Märkte, Konkurrenz, Branche, politische Rahmenbedingungen

usw. ein sowie interne Daten über Produkte, Organisation, Management, Personal und das Unternehmen. Die Chancen und Risiken sind einzuschätzen und in der Planung zu berücksichtigen.

Beim Budget werden zuerst die Teilpläne (Absatz-, Produktions-, Einkauf-, Personal- und Investitionsbudgets) erstellt und danach zu Gesamtplänen wie Planbilanzen, Planerfolgsrechnungen und Finanzplänen zusammengefasst.

Im Rahmen eines Businessplanes können ebenfalls die Daten für die zukünftige Entwicklung des Unternehmens systematisch und vollständig dargestellt werden.

Alle Zukunftsprognosen sind mit entsprechenden Unsicherheiten behaftet. Es kann daher sinnvoll sein, mögliche Szenarien aufzuzeigen und für diese eine Unternehmensbewertung vorzunehmen.

1.7 Der theoretisch richtige Bewertungsansatz

Entsprechend der Bedeutung haben sich Theorie und Praxis eingehend mit den Problemen der Unternehmensbewertung auseinandergesetzt. Bei der Unternehmensbewertung gelten grundsätzlich die Regeln der Investitionsrechnung (alle Ausgaben und Einnahmen werden auf den Bewertungsstichtag abdiskontiert). Der Investor tätigt nur dann eine Kapitalanlage, wenn der Barwert der zukünftigen Einnahmenüberschüsse höher ist als der Kaufpreis bzw. wenn er annehmen kann, dass die künftigen Einnahmen aus dieser Investition höher sind als seine Ausgaben und in den zukünftigen Einnahmen auch ein Gewinn und/oder eine Verzinsung seines Kapitaleinsatzes enthalten ist. Infolge der unbekannten und unsicheren Faktoren, welche die zukünftigen Ausschüttungen der Unternehmen (= Einnahmen des Investors) beeinflussen, führt diese betriebswirtschaftlich und theoretisch richtige Methode in der Praxis regelmässig nicht zum Ziel. Die zukünftigen Einnahmen des Investors (laufende Ausschüttungen in Form von Dividenden und letztlich der Erlös bei Verkauf der Unternehmen wann, zu welchem Preis?) können kaum prognostiziert werden. Es ist mit unsicheren Erwartungen zu rechnen, d.h., die zur Verfügung stehenden Daten sind ungenau und lückenhaft. In der Praxis wird daher (zwangsläufig) statt mit Ein- und Auszahlungen an den Investor mit Aufwendungen und Erträgen bzw. Gewinnen und Cashflows gerechnet. Siehe nachstehende Darstellung:

1 Grundlagen der Unternehmensbewertung

Investor	⇨ Einzahlungen ⇦ Rückzahlungen	**Unternehmen**	⇦ Erträge ⇨ Aufwendungen	**Umwelt**

Bewertung aufgrund der
Ein-/Auszahlungen
= richtige theoretische Lösung

Bewertung aufgrund der Netto-Gewinne/Erträge oder Cashflows
= Lösung in der Praxis

Abbildung 2: Zahlungsströme/Aufwendungen und Erträge

Es ist daher nicht überraschend, dass der Praktiker wieder auf Schätzungen, Konventionen und Kompromisslösungen zurückgreifen muss. So wird allenfalls der Substanzwert in irgendeiner Form bei der Bewertung berücksichtigt, wobei das nicht betriebliche Vermögen immer separat zu behandeln ist. Sodann wird anstelle von prognostizierten Nettoauszahlungen (an den Investor/Aktionär) mit den geplanten/budgetierten zukünftigen Gewinnen oder Cashflows der Unternehmen gerechnet.

Zwischen den Vorstellungen der Theoretiker und dem, was der Praktiker tut, besteht eine Diskrepanz. Die Anwendung des theoretisch unbestrittenen Bewertungsverfahrens, basierend auf der Investitionsrechnung, stösst in der Praxis auf grosse Schwierigkeiten, sodass verschiedene praktikablere Verfahren/Methoden entwickelt wurden und angewendet werden.

Beispiel

Sie sind in einer Beratungsgesellschaft tätig, welche u.a. Unternehmensbewertungen durchführt. Diese hat vom Investor Meier den Auftrag erhalten, für den allfälligen Kauf der Gesellschaft ZX den Unternehmenswert zu berechnen. Herr Meier erwartet eine Investitionsrechnung (dynamische Kapitalwert-Methode), d.h., es soll der Barwert dieser Gesellschaft aufgrund der zukünftigen Ausschüttungen (Dividenden) ermittelt werden. Sie werden beauftragt, mit Herrn Meier die Aspekte einer Unternehmensbewertung zu erörtern und ihm darzulegen, welche Faktoren für die Ermittlung von Barwerten notwendig sind.

Lehnen Sie sich zurück (schauen Sie, was der andere macht, ah, der macht etwas, er macht sogar Überstunden. Sie können sich weiter zurücklehnen, denn er macht eine Unternehmensbewertung, die auf zu hohen unrealistischen Zukunftszahlen und zu tiefen Zinssätzen basiert. Der Kunde wird das Gutachten zerreissen und unsere Beratungsfirma wegen Verletzung der Sorgfaltspflicht einklagen). Überlegen Sie sich, wie Sie dem Investor Meier erklären können, warum eine Investitionsrechnung bei der Unternehmensbewertung zu einem fraglichen Ergebnis führen könnte. Nehmen Sie sich dazu ein paar Minuten Zeit und notieren Sie ihre Argumente auf einem Blatt Papier.

1.7 Der theoretisch richtige Bewertungsansatz

Argumente/Faktoren/Gedanken, welche gegen eine reine Investitionsrechnung bei einer Unternehmensbewertung sprechen:

- Um eine Investitionsrechnung durchführen zu können, müsste man neben den geschätzten/geplanten Ausschüttungen an den Investor nach x Jahren auch den Verkauf der Gesellschaft ZX prognostizieren können. Eine solche Prognose ist mit grosser Unsicherheit behaftet. Zudem ist der Barwert dieses Verkaufserlöses abhängig vom Zeitpunkt des Verkaufes.
- Der Wert eines Unternehmens hängt vom Umfeld, von den Produkten, den Märkten, der Konkurrenz, dem Management, den Mitarbeitenden und weiteren Faktoren ab. Bereits die Planung und Budgetierung von zukünftigen Erträgen, Gewinnen und Cashflows sind mit Risiken und Unsicherheiten behaftet.
- Die Abschätzung der geplanten Ausschüttungen und die Prognose eines allfälligen Verkaufserlöses wären noch unsicherer und müssten als reine Spekulationen betrachtet werden.
- Die Discounted-Cashflow-Methode (DCF) entspricht am ehesten dem theoretisch richtigen Ansatz der Investitionsrechnung. Wir schlagen vor, dass wir bei der Gesellschaft ZX eine Unternehmensbewertung nach dieser Methode durchführen.

Zusammenfassung

In der Regel tätigt ein Investor nur eine Investition, wenn der Barwert der zukünftigen Einnahmen höher ist als der Kaufpreis. Ein Unternehmenswert, welcher aufgrund von geplanten Ausschüttungen und einem unsicheren/spekulativen späteren Verkaufserlös (welcher bei einem allfälligen Verkauf des Unternehmens erzielt werden könnte) berechnet wird, ist mit hohen (zu hohen) Unsicherheiten behaftet.

Daher kann bis anhin in der Praxis dieser theoretisch richtige Ansatz der Investitionsrechnung nicht umgesetzt werden. Die bekannten Methoden der Unternehmensbewertung berücksichtigen in irgendeiner Art die zukünftigen betrieblichen Erträge, Gewinne und Cashflows (je nach Bewertungsmethode). Damit müssen die zukünftigen Erlöse und Aufwendungen budgetiert, geplant und geschätzt werden. Mittels Kapitalkostensatz wird der Ertragswert bzw. der Barwert dieser Plandaten berechnet.

1.8 Brutto- / Netto-Methode

Sie kennen den Unterschied zwischen der Gesamtkapital- und der Eigenkapitalrendite eines Unternehmens. Dieselbe Differenz besteht bei der Ermittlung des Unternehmenswertes nach der Brutto- bzw. der Netto-Methode. Beide Methoden sollten bei richtiger Anwendung zum gleichen Ergebnis führen. Brutto oder Netto bei der Finanzierung bedeutet: Substanzwert vor oder nach Abzug des Fremdkapitals bzw. bei der Berechnung des Ertragswertes: zukünftiger Erfolg vor oder nach Fremdkapitalzinsen. Bei der Kapitalisierung des Erfolges ist die tiefere Gesamtkapitalrendite (= Brutto-Methode) oder die höhere Eigenkapitalrendite (= Netto-Methode) zu verwenden. Der Kapitalkostensatz (Zinssatz) kann aufgeteilt werden in Fremdkapitalkostensatz und Eigenkapitalkostensatz. Beide zusammen, unter Berücksichtigung der Finanzierungsverhältnisse, ergeben den Gesamtkapitalkostensatz.

Die Berechnung des Unternehmenswertes nach der DCF- und der EVA-Methode erfolgt in der Regel nach der Brutto-Methode (Entity-Ansatz). Bei der Diskontierung des Free Cashflows bzw. EVA wird der Gesamtkapital-Zinssatz verwendet. D.h., es wird der steueradjustierte WACC für die Berechnung berücksichtigt. Auch wenn der Käufer eine ganz andere Finanzierung des Unternehmens vornehmen will, wird die Brutto-Methode angewendet.

> **Beispiel**
> Sie sind in einer Beratungsgesellschaft tätig, welche u.a. Unternehmensbewertungen durchführt. Sie erhalten den Auftrag, anhand der folgenden Angaben nach der Praktiker-Methode den Unternehmenswert zu berechnen. Dabei soll dieser einmal nach der Brutto-Methode und einmal nach der Netto-Methode ermittelt werden.
> - Betrieblicher Brutto-Substanzwert .... 6'000
> - Fremdkapital .... −2'000
> - Betrieblicher Netto-Substanzwert .... 4'000
> - Nachhaltiger Zukunftsgewinn, vor Fremdkapitalzinsen 500
> - Budgetierte zukünftige Fremdkapitalzinsen 60
> - Nachhaltiger Zukunftsgewinn nach Fremdkapitalzinsen 440
> - Zinssatz für Ertragswertberechnung (Netto-Methode) 8%
> - Zinssatz für Ertragswertberechnung (Brutto-Methode) 6.666%
>
> Nach der Praktiker-Methode wird einmal der Substanzwert und zweimal der Ertragswert berechnet, die gesamte Summe wird durch 3 geteilt ([1 x SW + 2 x EW] : 3), ergibt den betrieblichen Unternehmenswert.

1.8 Brutto- / Netto-Methode

Lehnen Sie sich zurück (schauen Sie, was der andere macht, ah, der macht etwas, er macht ein Gutachten inkl. schöne Szenarien. Sie können sich weiter zurücklehnen, das Programm ist abgestürzt, das Gutachten inkl. Szenarien muss neu erstellt werden. Er hat den Computer voller Wut zertrümmert) und überlegen Sie sich, wie Sie die Berechnung sowohl nach der Brutto- wie Netto-Methode durchführen könnten. Nehmen Sie sich dazu ein paar Minuten Zeit und notieren Sie die Ergebnisse auf einem Blatt Papier.

a) Berechnung Unternehmenswert nach der Netto-Methode:

Betrieblicher Netto-Substanzwert		4'000	
Netto-Ertragswert	= 440 : 8 x 100	5'500	
Netto-Ertragswert dito		5'500	
Netto-Unternehmenswert		15'000	: 3 = **5'000**

Unternehmenswert gemäss Netto-Methode = **5'000**

b) Berechnung des Unternehmenswertes nach der Brutto-Methode:

Bei der Ermittlung des Unternehmenswertes nach der Brutto-Methode (sie sollte ja das gleiche Ergebnis geben) ist einerseits der Varianz des Kapitalisierungszinsfusses (Gesamtkapitalrendite) Rechnung zu tragen und anderseits zu beachten, dass der Ertragswert aufgrund des Zukunftsgewinnes, vor Fremdkapitalzinsen, berechnet wird. D.h., es wird zuerst der Brutto-Ertragswert berechnet:

Betrieblicher Brutto-Substanzwert		6'000	
Brutto-Ertragswert	= 500 : 6.666 x 100	7'500	
Brutto-Ertragswert dito		7'500	
Total		21'000	: 3 = **7'000**
– Fremdkapital			–2'000
Netto-Unternehmenswert			**5'000**

Der Unternehmenswert ist somit gleich hoch wie bei der Anwendung der Netto-Methode.

Zusammenfassung

Brutto oder netto bei der Finanzierung bedeutet: Substanzwert vor oder nach Abzug des Fremdkapitals und dementsprechend der zu kapitalisierende Ertrag/Gewinn vor oder nach Abzug der Fremdkapitalzinsen.

In der Praxis wird die Netto-Methode (Equity-Ansatz) meist bei der Ermittlung des Unternehmenswertes nach der Mittelwert/Praktiker-Methode und der Ertragswert-Methode angewendet.

Bei der DCF-Methode werden die Free Cashflow in der Regel vor Abzug von Fremdkapitalzinsen budgetiert. Die abdiskontierten Barwerte dieser Free Cashflow ergeben den Brutto-Unternehmenswert (Entity-Ansatz). Nach Abzug des Fremdkapitals kann der Netto-Unternehmenswert berechnet werden.

Bei der Brutto-Methode sind der Gewinn vor Fremdkapitalzinsen und ein tieferer (Gesamt-)Kapitalisierungszinssatz einzusetzen. Das Bewertungsergebnis sollte sowohl bei Anwendung der Brutto- wie auch der Netto-Methode in etwa gleich sein.

2 Steuern

2.1 Kapitalsteuern / Stempelsteuern / Gewinnsteuern

Neben den Gewinnsteuern gibt es Steuern/Abgaben, die unabhängig vom Gewinn zu zahlen sind. Dazu gehören laufende Steuern wie die Kapitalsteuer und einmalige Steuern/Abgaben wie beispielsweise Handänderungssteuern, Liquidationsgewinnsteuern, Grundstückgewinnsteuern und Kapitalverkehrssteuern (Emissionsabgabe bei Fusionen und bei Kapitalerhöhungen). Sie können als sonstige Steuern oder Abgaben bezeichnet werden. Diese sonstigen Steuern sollten separat ausgewiesen und berechnet werden. In der Regel bietet die Berechnung von diesen Steuern keine besonderen Probleme. Basis für die Ermittlung der Kapitalsteuern sind die Steuerbilanzen und nicht das ausgewiesene Kapital gemäss Buchwerten oder den betriebswirtschaftlichen Planbilanzen.

Generell unbestritten ist, dass die Gewinnsteuern Ausgaben sind und daher bei der Ermittlung des Zukunftserfolges zu berücksichtigen sind. Die zukünftigen Gewinnsteuern können wie folgt ermittelt/berücksichtigt werden:

- Berechnung auf den zukünftigen geplanten betriebswirtschaftlichen Gewinnen.
- Berechnung auf den zukünftigen budgetierten steuerlichen Gewinnen.
- Berechnung auf den zukünftigen geplanten Gewinnen vor Fremdkapitalzinsen. Die Basis bildet EBIT, der steuerliche Einfluss der Fremdkapitalzinsen wird beim Fremdkapitalkostensatz = WACC oder «WACC's» berücksichtigt.

Berechnung auf den zukünftigen geplanten betriebswirtschaftlichen Gewinnen

Sofern davon ausgegangen wird, dass der nachhaltig erzielbare Zukunftserfolg nicht wesentlich vom steuerpflichtigen Zukunftserfolg abweicht, kann als Basis für die Berechnung der zukünftig zu erwartenden Steuern der geplante betriebswirtschaftliche Zukunftsgewinn als Bemessungsgrundlage verwendet werden. In der Praxis wird meist diese vereinfachte Betrachtungsweise angewendet. Bei der Berechnung ist zu beachten, dass (in der Schweiz) die Steuern abziehbar sind. Es kann somit direkt mit einem tieferen Steuersatz gerechnet werden oder die Steuern sind im Hundert zu berechnen. Der Zukunftserfolg wird für den betriebsnotwendigen Unternehmensteil berechnet. Steuern auf ausserbetrieblichen Unternehmensbereichen und für ausserordentliche Erfolge sind separat zu berechnen und zu berücksichtigen. Für die künftigen Steuern sind entsprechend künftige Steuersätze anzuwenden.

Berechnung auf den zukünftigen budgetierten steuerlichen Gewinnen

Die Unternehmen werden, meist durch gezielte Steuerplanung und Ausschöpfung von steuerlich zulässigen Reservebildungen (degressive Abschreibungen, Reserven auf Warenvorräten usw.), die steuerbaren Gewinne (und somit die zu bezahlenden Steuern) senken bzw. gleichmässig (tief) halten. Die betriebswirtschaftlichen Zukunftsgewinne sind daher nicht identisch mit den zukünftigen steuerlich massgebenden Gewinnen. Der betriebswirtschaftliche Gewinn berücksichtigt kalkulatorische Abschreibungen (= lineare), steuerlich werden die Anlagen meist degressiv abgeschrieben (= Abschreibungen vom Buchwert). Sofern das Unternehmen (in den Vorjahren) die Anlagen steuerlich bereits auf einen Franken abgeschrieben hat, bedeutet dies, dass für die Berechnung der zukünftigen Steuern nur noch steuerlich zulässige Abschreibungen auf allfälligen Neuinvestitionen möglich sind. Die zukünftigen Steuern könnten somit höher sein, als eine Berechnung der Steuern auf den betriebswirtschaftlich ermittelten Zukunftsgewinnen ergeben würde. Bei der Ermittlung der zukünftigen Steuern ist, sofern wesentliche unversteuerte stille Reserven vorhanden sind, zu beachten, dass die steuerlichen Abzugsmöglichkeiten (Abschreibungen, Bildung von Warenreserven usw.) beschränkt sind, da diese vom Unternehmen bereits in den Vorjahren ausgeschöpft wurden. Allenfalls ist daher ein höherer Steuersatz für die Berechnung der zukünftigen Steuern anzuwenden. Die in den Folgejahren resultierenden Steuern durch Auflösung von stillen nicht versteuerten Reserven insbesondere bei sinkenden Erträgen, (hoffentlich) verbunden mit Abnahme des Warenbestandes und der steuerlich privilegierten Warenreserve, sind in den zukünftigen Steuern zu berücksichtigen.

Berücksichtigen des steuerlichen Einflusses der Fremdkapitalzinsen beim Fremdkapitalkostensatz

Bei der DCF-Methode und der EVA-Methode wird in der Regel die Brutto-Methode angewendet. Als Basis für die Ermittlung des Unternehmenswertes wird ein Zukunftserfolg vor Fremdkapitalzinsen budgetiert. Die Grundlage für die Berechnung der zukünftigen Steuern ist der Betriebsgewinn vor Zinsen und vor Steuern = EBIT. Somit wird bei der Ermittlung des Gesamtkapitalkostensatzes (= WACC) beim Fremdkapitalkostensatz der steuerliche Einfluss direkt berücksichtigt, d.h., der Steuersatz wird im Fremdkapitalkostensatz erfasst = «WACC's» (siehe Kapitel 3.2).

2.2 Latente Steuern

Zwei gleiche Unternehmen mit identischer Infrastruktur und Ressourcen sind nicht gleichwertig, wenn bei einem Unternehmen unversteuerte Reserven vorhanden sind und das andere Unternehmen alle Reserven versteuert hat bzw. keine unversteuerten Reserven hat. Zu beachten ist neben den latenten Steuern die entgangene Steuereinsparungsmöglichkeit; d.h., wenn ein Unternehmen über keine unversteuerten Reserven verfügt, kann es die zukünftigen steuerbaren Gewinne mittels Bildung von steuerlich zulässigen Reserven (Warenreserven, einmalige und degressive Abschreibungen etc.) vermindern und damit auch die zukünftigen Gewinnsteuern reduzieren.

Zwischen dem Buchwert gemäss Finanzbuchhaltung und dem effektiven betriebswirtschaftlichen Wert entsteht eine Bewertungsdifferenz (in der Regel = stille Reserven). Diese Bewertungsdifferenz bildet die Basis der unversteuerten Reserven (sofern das Unternehmen einen Teil der Reserven bereits versteuert, ist dies zu berücksichtigen). Bei der Berechnung des Unternehmenswertes ist dem Aspekt «latente Steuern» Rechnung zu tragen.

Grundsätzlich ist für die erwarteten Steuerbeträge auf den unversteuerten Reserven der entsprechende Barwert zu berechnen und bei der Ermittlung des Unternehmenswertes zu berücksichtigen. Für die Diskontierung wird in der Praxis der angewendete Kapitalisierungszinsfuss/WACC verwendet, es wird aber u.a. die Ansicht vertreten, dass nur der reine Fremdkapitalkostensatz (ohne Risiko etc.) anzuwenden wäre. Sofern die unversteuerten Reserven unverändert «unendlich» weitergeführt werden, ist der Barwert praktisch null.

Die latente Steuerlast auf den unversteuerten Reserven kann mit folgenden Methoden erfasst werden:

- Berechnung des Barwertes der frei werdenden und zur Besteuerung gelangenden unversteuerten Reserven.
- Pauschalierung zum halben Steuersatz.
- Barwertberechnung der zukünftig entgangenen steuerfreien Gewinnthesaurierung.

Berechnung des Barwertes der frei werdenden und zur Besteuerung gelangenden unversteuerten Reserven

Bei dieser Methode wird davon ausgegangen, dass für die zur Besteuerung gelangende Auflösung von unversteuerten Reserven der jeweilige Barwert zu ermitteln und zu berechnen ist. Im Detail wird pro Bilanzposition die darin enthaltene unversteuerte Reserve ermittelt und abgeschätzt, wann diese aufgelöst und zur Besteuerung gelangt. Das folgende Beispiel soll dies aufzeigen.

2.2 Latente Steuern

Bilanz-position	Unver-steuerte Reserven	Auf-lösung Jahr 1	Auf-lösung Jahr 2	Auf-lösung Jahr 3	Auf-lösung Jahr 4	Auf-lösung später	Total Barwert
Warenvorräte	400	200	200				
Maschinen	200	50	50	50	50		
Gebäude	200	10	10	30	50	100	
Grundstücke	200					200	
Total	**1'000**	**260**	**260**	**80**	**100**	**300**	
25% Steuern		65	65	20	25	75	
Diskontierungs-faktor 10%		0.909	0.826	0.751	0.683		
Barwert		**59**	**54**	**15**	**17**		**145**

Die Rückstellung für latente Steuern beträgt somit 145. Sofern sinnvoll und wesentlich, kann auch der Barwert der Steuern für die spätere Auflösung berechnet werden. Falls die Reserven in 25 Jahren aufgelöst würden, wäre der Barwert relativ bescheiden (75 x 0.092 = 7), sodass darauf verzichtet werden kann.

Pauschalierung zum halben Steuersatz

Die Berechnung der unversteuerten Reserven zum halben Steuersatz wird meist bei der Praktiker-Methode angewendet. Oft ist es ungewiss, wie lange bestehende Reserven «steuerfrei» weitergeführt werden können. Es kann nur teilweise abgeschätzt werden, wann die unversteuerten Reserven aufgelöst werden. Im Sinne eines Kompromisses für die Berechnung der Rückstellung auf den latenten Steuern wird lediglich der halbe Steuersatz eingesetzt. Damit wird dem Barwert-Aspekt (Zahlungen, welche später erfolgen, sind weniger wert) Rechnung getragen.

Die unversteuerten stillen Reserven werden pro Bilanzposition ermittelt und zum halben Steuersatz zurückgestellt. Basierend auf dem obigen Beispiel wären die unversteuerten stillen Reserven total 1'200. Zum halben Steuersatz ergibt dies (1'200 x 12.5%) eine Rückstellung für latente Steuern von 150. Der halbe Steuersatz wird nur für unversteuerte Reserven auf betriebsnotwendigem Vermögen eingesetzt. Für unversteuerte Reserven auf nicht betriebsnotwendigen Betriebsteilen wird der volle Steuersatz, für die Berechnung der Steuerrückstellung, verwendet (es wird davon ausgegangen, dass das nicht betriebsnotwendige Vermögen kurzfristig veräussert werden könnte und die Steuern zur Zahlung fällig würden).

Barwertberechnung der zukünftig entgangenen steuerfreien Gewinnthesaurierung

Hier geht man von der Überlegung aus, dass ohne die bereits bestehenden unversteuerten Reserven solche in der Zukunft aus den Gewinnen steuersparend geäufnet werden könnten. Der Barwert von diesen entgangenen Steuersparmöglichkeiten ist zu berechnen. Das gilt nur für Reserven, welche legal steuerlich gebildet werden können. (Inflationsbedingte Reserven z.B. auf Grundstücken können bei dieser Berechnung nicht berücksichtigt werden.) Sofern das Unternehmen (in den Vorjahren) die Anlagen steuerlich bereits auf einen Franken abgeschrieben hat, können auf diesen Anlagen keine unversteuerten Reserven mehr gebildet werden. Das folgende Beispiel soll dies aufzeigen:

Bilanzposition	Effektiver Wert	Buchwert/Steuerwert	Steuerlich zulässige Reserven
Warenvorräte	1'200	800	400
Maschinen	800	600	200
Gebäude	400	200	200
Grundstücke	400	200	200
Total	**2'800**	**1'800**	**1'000**

Berechnung Barwert der entgangenen Steuersparmöglichkeiten:

= Entgangene Möglichkeit zur Bildung von Reserven zulasten der Erfolgsrechnung

Bilanzposition	Steuerlich zulässige Reserven	Jahr 1	Jahr 2	Jahr 3	Jahr 4	später	Total Barwert
Warenvorräte	400	200	200				
Maschinen	200	50	50	50	50		
Gebäude	200	10	10	30	50	100	
Grundstücke	200					200	
Total	**1'000**	**260**	**260**	**80**	**100**	**300**	
25% Steuern		65	65	20	25	75	
Diskontierungsfaktor 10%		0.909	0.826	0.751	0.683		
Barwert		**59**	**54**	**15**	**17**		**145**

Der Barwert der entgangenen Steuersparmöglichkeiten (Bildung von steuerlich zulässigen Reserven) beträgt somit 145. Sinnvolle Prognosen für spätere Jahre sind relativ schwierig, sodass auf solche Barwertberechnungen meist verzichtet wird.

Zusammenfassung

Theoretisch richtig wäre der Ansatz, dass nebst den zukünftigen (betriebswirtschaftlichen) Planungsrechnungen auch Budgets erstellt werden, die auf steuerlichen Daten basieren. Damit könnten die zukünftigen Steuern «genau» ermittelt/geschätzt werden. Abzuschätzen wäre ebenfalls, wann die gebildeten steuerlich zulässigen Reserven steuerlich aufgelöst und darauf Steuern zu entrichten wären. D.h., in einer Art Parallel-Rechnung müsste für die Berechnung zukünftiger Steuern ebenfalls der massgebende steuerbare Zukunftsgewinn inkl. Auflösung von unversteuerten Reserven ermittelt werden. Auf dieses zusätzliche umständliche Verfahren wird in der Praxis oft verzichtet.

Da alle Zukunftsberechnungen letztlich reine Schätzungen/Prognosen sind, ist es vertretbar, die zukünftigen Steuern auf den betriebswirtschaftlichen Gewinnen zu berechnen. Unterschiede zwischen betriebswirtschaftlichen und steuerbaren Gewinnen können im Einzelfall durch Anpassung des massgebenden Steuersatzes ausgeglichen werden. Im Rahmen der (mit Unsicherheit behafteten) Prognoserechnungen ist es sinnvoll, die Steuern auf Basis des geplanten Betriebsgewinnes zu berücksichtigen.

Bei der DCF-Methode und EVA-Methode werden bei Anwendung der Brutto-Methode die Steuern auf den zukünftigen Betriebsgewinnen vor Zinsen und vor Steuern (Basis EBIT) berechnet. Der steuerliche Einfluss der Fremdkapitalzinsen (diese können steuerlich geltend gemacht werden) wird dann direkt bei der Ermittlung des Gesamtkapitalkostensatzes/WACC berücksichtigt. Für zukünftige Budgetvergleiche kann es sinnvoll sein, die Steuern auf dem Gewinn nach Zinsen (und vor Steuern) zu berechnen. Bei dieser Methode ist ein WACC ohne «Steuereffekt beim Fremdkapitalzinssatz» zu berücksichtigen.

Klar ist, dass zwei gleiche Unternehmen, das eine mit versteuerten (stillen) Reserven, das andere mit unversteuerten (stillen) Reserven, für den Käufer nicht gleichwertig sind. Es ist der Barwert dieser latenten Steuerlast zu berechnen. Bei der Ermittlung der zukünftigen Steuern ist (sofern wesentliche unversteuerte stille Reserven bestehen) zu beachten, dass die steuerlichen Abzugsmöglichkeiten (Abschreibungen, Bildung von Warenreserven usw.) beschränkt sind (da diese vom Unternehmen bereits in den Vorjahren ausgeschöpft wurden).

3 Zinssatz / Kapitalkostensatz / WACC

3.1 Aufgaben und Bedeutung des Kapitalisierungszinsfusses

Bei allen zukunftsgerichteten Unternehmensbewertungen (Ertragswert, Discounted Cashflow = DCF-Methode, Methode der begrenzten Goodwill-Rentendauer und Economic Value Added = EVA-Methode) hat neben der (richtigen) Prognostizierung der Zukunftserträge/der Einnahmen- und Ausgabenströme/der Cashflows usw. der verwendete Zinssatz einen (wesentlichen) Einfluss auf das Ergebnis der Unternehmensbewertung.

Dem Kapitalisierungszinsfuss werden u.a. folgende Aufgaben zugeteilt:

- Einnahmen und Ausgaben, welche erst in Zukunft dem Unternehmen zufliessen bzw. abfliessen, sind durch die Diskontierung gleichnamig zu machen, d.h., es wird der Barwert berechnet. Bekanntlich ist eine Einnahme, welche erst in zwei Jahren fällig wird (erwartet wird), weniger wert, als wenn diese bereits heute erzielt wird (der Barwert einer Einnahme von 100'000, welche erst in zwei Jahren fällig wird, beträgt bei einem Zinssatz von 10% lediglich 82'645).

- Den Risiken und den Unsicherheitsfaktoren, welche mit dem Erwerb eines Unternehmens zwangsläufig verbunden sind, ist Rechnung zu tragen. Meist werden diese Faktoren bei der Bestimmung des massgebenden Kapitalisierungszinsfusses einbezogen. Falls die Risiken direkt bei der Ermittlung der Zukunftserträge oder auf andere Art in der Unternehmensberechnung bewertet werden, sind sie natürlich nicht mehr im Zinsfuss zu berücksichtigen.

Gemäss Praxis können für die Bestimmung des Eigenkapitalkostensatzes folgende Bestimmungsfaktoren angewendet werden, wobei die Prozentpunkte für den «Normalfall» in der Schweiz gelten:

4–5% Reiner Kapitalzins als Basis (Durchschnitt einer längeren Periode) = sicherer Zinssatz (beispielsweise: langfristige Staatsobligation) umfasst den realen Zins und eine Inflationsprämie (bei hoher Inflation sind meist auch die Zinsen höher).

1–3% Zuschlag für erschwerte Verkäuflichkeit (sogenannter Immobilitätszuschlag, ein Unternehmen kann nicht täglich wie eine Aktie am Markt verkauft werden).

2–4% Branche, Konkurrenz, Umwelteinflüsse = branchenspezifischer Risikozuschlag.

3.1 Aufgaben und Bedeutung des Kapitalisierungszinsfusses

1–3 % Qualität des Managements, Personalstruktur, Rechtsform, Grösse, Standort, vertragliche Bindungen, Zusammensetzung der Aktiven und Passiven, Finanzierungsmöglichkeiten = Risiko des Unternehmens.

1–3 % Abzug für Inflationsschutz (eine Investition in ein Unternehmen ist meist eine Sachwertanlage mit der Chance der Realwertsteigerung bei Inflation).

Die Höhe des verwendeten Kapitalisierungszinsfusses hängt zudem von der Bewertungsmethode ab. Bei der Brutto-Methode wird ein Gesamtkapitalkostensatz ermittelt und verwendet; bei der Netto-Methode wird ein Eigenkapitalkostensatz eingesetzt.

Die Komponenten des Kapitalisierungszinssatzes (Eigenkapitalkostensatz) können grafisch wie folgt dargestellt werden:

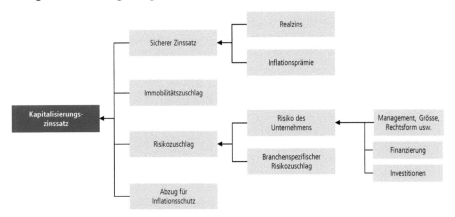

Abbildung 3: Komponenten des Zinssatzes

Die Bedeutung des Kapitalisierungszinssatzes können wir anhand des folgenden kleinen Zahlenbeispiels, Ermittlung des Ertragswertes, erkennen. Wir nehmen an, der zukünftige nachhaltige Ertrag (Reingewinn) wurde ermittelt und beträgt 100. Je nach Höhe des angewendeten Zinssatzes ergibt sich ein höherer oder tieferer Ertragswert:

Reingewinn	Zinssatz	Ertragswert	Differenz zum Basiswert	Differenz in %
100	4%	2'500	0	0
100	6%	1'660	–840	–34%
100	8%	1'250	–1'250	–50%

3 Zinssatz / Kapitalkostensatz / WACC

Die Auswirkungen sind essenziell. Bei Anwendung eines Zinssatzes von 4% ergibt sich ein Ertragswert von 2'500. Bei 6% sinkt der Ertragswert um mehr als einen Drittel (= rund 840). Neben der richtigen und korrekten Berechnung/Schätzung der massgebenden Zukunftsdaten (nachhaltiger Ertrag/Zukunftsgewinn, Cashflow etc.) ist der angewendete Zinssatz ebenso wichtig.

= Je höher der Zinssatz, desto tiefer der Ertrags- bzw. Unternehmenswert.

Aus Sicht des Käufers entspricht der Kapitalisierungszinsfuss den Rentabilitätsanforderungen eines Investors und wird mit Alternativanlagen (sofern es solche gibt) verglichen. Der berechnete Ertragswert/Kapitalwert kann anderen Investitionsmöglichkeiten gegenübergestellt werden. Falls das Risiko dieser alternativen Kapitalanlagen geringer eingeschätzt wird, kann trotz der tieferen prognostizierten Erträge/Einnahmen ein höherer Ertragswert/Kapitalwert ermittelt werden, da ein niedrigerer Kapitalisierungszinsfuss für die Berechnungen verwendet wurde.

Spezielle Risiken (Einzelrisiken) können bereits bei der Ermittlung des Zukunftserfolges berücksichtigt werden. Dies kann u.a. durch höhere Abschreibungen, die Bildung von Rückstellungen oder mit einem direkten Risikoabzug erfolgen.

Die allgemeinen Risiken und Unsicherheiten – diesen stehen auch Chancen gegenüber – können durch

- Erhöhung des Kapitalisierungszinsfusses (siehe Ausführungen oben)
- Abzug beim Zukunftserfolg
- Anwendung einer entsprechenden Bewertungsformel
- Abzug am berechneten Unternehmenswert

berücksichtigt werden. Alle vier Möglichkeiten sollten bei richtiger Anwendung in etwa zum gleichen Resultat führen.

Beispiel

Sie sind in einer Beratungsgesellschaft tätig, welche u.a. Unternehmensbewertungen durchführt. Sie haben im Auftrag eines potenziellen Käufers ein Gutachten im Entwurf erstellt und den Unternehmenswert nach der Praktiker-Methode berechnet. Den Unternehmenswert haben Sie mit rund 16 Millionen ausgewiesen. Die Ermittlung des Ertragswertes basiert auf einem Gewinn von 2.16 Millionen und einem Eigenkapitalkostensatz von 12%. In Zahlen:

Betrieblicher Netto-Substanzwert.. 12 Millionen
Netto-Ertragswert = 2.16 Millionen : 12%.................................. 18 Millionen
Netto-Ertragswert... 18 Millionen
Total .... 48 Millionen : 3 = **16 Millionen**

3.1 Aufgaben und Bedeutung des Kapitalisierungszinsfusses

> Dem potenziellen Käufer erscheint dieser Wert zu hoch, er hat sich einen Unternehmenswert von rund 14 Millionen vorgestellt. Dies soll die Basis für die Verhandlungen mit dem Verkäufer sein. Sie sind etwas in Zeitnot und können nicht mehr alle Berechnungen wie Substanzwert und nachhaltigen Zukunftsertrag so ändern, dass die Zahlen betriebswirtschaftlich objektiv noch vertretbar sind. Was machen Sie?
>
> Lehnen Sie sich zurück (schauen Sie, was der andere macht, ah, der macht etwas, er macht ein Gutachten, etwas Schöneres haben Sie noch nie gesehen. Sie können sich weiter zurücklehnen, die Gesellschaft, die er bewertet hat, hat heute Konkurs gemacht) und überlegen Sie sich, wie Sie den Unternehmenswert auf 14 Millionen senken können. Nehmen Sie sich dazu ein paar Minuten Zeit und notieren Sie die Ergebnisse auf einem Blatt Papier.

Der Zinssatz wird erhöht, damit kann der Unternehmenswert gesenkt werden. Bei einem Zinssatz von 14% können die Erwartungen des Kunden erfüllt werden.

Betrieblicher Netto-Substanzwert .... 12 Millionen

Netto-Ertragswert = 2.16 Millionen : 14% .... 15.429 Millionen

Netto-Ertragswert dito. .... 15.429 Millionen

Total .... 42.858 : 3 = **14.286 Millionen**

In Ihrem Gutachten geben Sie eine Rahmenbreite für den Unternehmenswert von 14 bis 15 Millionen an.

> **Zusammenfassung**
>
> Dem Kapitalisierungszinsfuss werden zwei Aufgaben zugeteilt:
> - Diskontierung der Beträge, die dem Unternehmen in verschiedenen zukünftigen Zeitperioden zufliessen. Sie sind auf den (heutigen) Bewertungsstichtag zu diskontieren (= gleichnamig zu machen).
> - Den Risiken und Unsicherheiten der (nicht vorhersehbaren) Zukunft, denen auch Chancen gegenüberstehen, ist Rechnung zu tragen.
>
> Bei der Ermittlung/Festlegung des Kapitalisierungszinsfusses ist die Bewertungsmethode (Gesamtkapitalrendite = Brutto-Methode oder Eigenkapitalrendite = Netto-Methode) zu beachten.
>
> Bei allen zukunftsgerichteten Unternehmensbewertungen hat der angewendete Kapitalisierungszinssatz einen wesentlichen Einfluss auf das Ergebnis des Unternehmenswertes.

3.2 Bestimmung und Anwendung des Kapitalkostensatzes / WACC

Der Kapitalkostensatz = WACC (Weigthed Average Cost of Capital/gewichteter Gesamtkapitalkostensatz) ist ein Begriff der Finanzmarkttheorie und basiert auf dem CAPM-Modell (Capital Asset Pricing Model). Er setzt sich aus dem Eigenkapitalkostensatz und dem Fremdkapitalkostensatz unter Berücksichtigung der Finanzierungsverhältnisse zusammen.

Rendite und Risiko

Das Capital Asset Pricing Model (CAPM) wurde entwickelt, um unterschiedliche Renditen von Aktien am Kapitalwert erklären zu können. Es stellt einen Kausalzusammenhang zwischen erwarteten Renditen, der unsicheren Kursentwicklung von Wertpapieren und ihrem Risiko dar. Es basiert auf der Grundüberlegung, dass mit Aktien eine höhere Rendite erwirtschaftet werden sollte als mit einer risikolosen Kapitalanlage (wie zum Beispiel Bundesobligationen), da Aktienanlagen mit grösseren Risiken behaftet sind.

Wenn ein Investor Unternehmensanteile in Form von Aktien erwirbt, erwartet er eine Performance auf dem eingesetzten Kapital. Diese setzt sich aus den allfälligen Dividenden und den Kurserwartungen zusammen. Eine solche Geldanlage ist im Gegensatz zum Kauf von Staatsobligationen (hier wird mit einem fixen Zins und sicherer Tilgung gerechnet) mit zusätzlichem Risiko behaftet. Der Anreiz der erwarteten (erhofften) höheren Rendite führt zum Erwerb von Aktien. Gegenüber einem sicheren Wertpapier (wie Staatsobligationen) wird ein Risikozuschlag gefordert, der die Unsicherheiten ausgleicht. Dies lässt sich wie folgt darstellen:

Renditeerwartung des Investors
minus
Rendite risikoloser langfristiger Kapitalanlagen
ergeben den
Risikozuschlag

Abbildung 4: Zusammenhang Renditeerwartung und Risikozuschlag

Ein Investor erwartet eine Rendite von 10%. Die Obligationenrendite von Bundesanleihen beträgt 4% = Risikozuschlag 6%.

In diesem Risikozuschlag sind die Komponenten Marktrisikoprämie und Beta-Faktor berücksichtigt (siehe nächste Seite).

Marktrisikoprämie

Mit der Marktrisikoprämie sollen Unsicherheiten wie Konjunkturlage, zukünftige Gesetzesänderungen (Steuer- und Geldpolitik, Umweltauflagen), politische Stabilität und allgemeine Kapitalmarktlage berücksichtigt werden. Sie ist nicht unternehmensspezifisch. Es ist der Zuschlag zum langfristigen Kapitalmarktzins, der diese Unsicherheiten ausgleicht. Ermittelt wird sie aus der Differenz zwischen der erwarteten allgemeinen Marktrendite und der Rendite risikoloser Wertpapiere = Staatsobligationen (sind diese risikolos?).

>   Erwartete Marktrendite
>   minus
>   Rendite risikoloser langfristiger Kapitalanlagen
>   ergibt die
>   allgemeine Marktrisikoprämie

Abbildung 5: Marktrisikoprämie

Die durchschnittlich erwartete Rendite von Wertpapieren (Marktrendite) basiert u.a. auf der Entwicklung des Swiss Performance Index (SPI).

In Zahlen:

Es wird erwartet, dass der SPI in den nächsten Jahren um 9% steigt. Die Obligationenrendite von Bundesanleihen beträgt 4%. Die Marktrisikoprämie beträgt somit 5%.

Beta-Faktor des Unternehmens

Der Beta-Faktor eines Unternehmens zeigt die Volatilität der Aktien eines kotierten Unternehmens im Verhältnis zum Gesamtmarkt und kann mittels Standardabweichung/Varianzberechnung bestimmt werden. Damit wird das Ausmass der Veränderung der Einzelrendite einer Aktie gegenüber der gesamten Marktrendite angegeben. Der Beta-Faktor kann sich je nach Marktlage verändern. Bei Nestlé lag der Beta-Faktor beispielsweise bei 0.9, bei Novartis 1.4. D.h., bei Nestlé liegen die Veränderungen unter der Volatilität des Gesamtmarktes, bei Novartis darüber. Das Risiko bei einer Anlage in Nestlé ist/war somit geringer als bei Novartis. Entsprechend sind auch die Renditechancen kleiner bzw. grösser. Liegen keine unternehmensspezifischen Beta-Faktoren vor, können als Lösungsansatz Betas von börsenkotierten Unternehmen verwendet werden, die in der gleichen Branche tätig sind.

3 Zinssatz / Kapitalkostensatz / WACC

Gesamtkapitalkostensatz / Weighted Average Cost of Capital / WACC

Die Kapitalkosten werden aufgeteilt in Fremdkapitalkosten und Eigenkapitalkosten. Der gewichtete Kapitalkostensatz entspricht dem WACC. Er wird als gewogenes Mittel von Eigenkapital- und Fremdkapitalkosten berechnet. Die Kapitalkosten werden meist nach Steuern ermittelt. Der WACC kann nach Berücksichtigung des Steuersatzes in den Fremdkapitalkosten als «WACC's» bezeichnet werden.

Die Berechnung der gewichteten Kapitalkosten basiert auf folgenden Komponenten:

a) Fremdkapitalkostensatz

- Die betrieblichen zukünftigen Fremdkapitalkosten werden aufgrund der Finanzierungsverhältnisse und der zukünftig erwarteten Fremdkapitalzinsen (Zinssätze) ermittelt. In der Regel wird der Zinssatz für langfristige Darlehen (Laufzeit über 5 Jahre) verwendet.

  Bei der Berechnung des Anteils Fremdkapital/Eigenkapital ist zu beachten, dass bei der angelsächsischen Betrachtungsweise das nicht verzinsliche Fremdkapital direkt von den Aktiven abgezogen wird. D.h., die Verbindlichkeiten aus Lieferungen und Leistungen, die Transitorischen Passiven, die Anzahlungen von Kunden und die Rückstellungen werden vom Gesamtkapital abgezogen. Auf der Passivseite verbleiben somit nur noch das verzinsliche Fremdkapital und das Eigenkapital. Diese Betrachtungsweise hat sich weitgehend durchgesetzt. Bei der Berechnung des Anteils des Eigenkapitals ist zu beachten, dass – sofern ein Aktienkurs angegeben wird – statt des buchmässigen Eigenkapitals das «effektive Eigenkapital» berücksichtigt wird. Als «effektives Eigenkapital» wird der Marktwert der Aktien eingesetzt (Anzahl Aktien mal aktueller Börsenkurs).

- Der Kapitalkostensatz für das Fremdkapital basiert in der Regel auf dem Zinssatz für langfristige Darlehen (in der Schweiz rund 4 bis 6%, langfristiger Durchschnitt), abzüglich Steuersatz.

b) Eigenkapitalkostensatz

- Rendite (Zinssatz risikoloses Kapital) von langfristigen Bundesobligationen (in der Schweiz rund 3 bis 6%).

- Zur Abdeckung des allgemeinen Risikos wird eine Marktrisikoprämie berücksichtigt: Sie wird als Differenz zwischen der zukünftigen erwarteten Rendite des Aktienmarktes und dem Zinssatz für langfristige risikolose Anlagen (= Bundesobligation) bezeichnet. In der Praxis werden Werte zwischen 3 und 6% vorgeschlagen. Historische Untersuchungen ergeben

3.2 Bestimmung und Anwendung des Kapitalkostensatzes/ WACC

je nach Zeitraum eine Bandbreite zwischen 3 und 5%. In den letzten Jahren sind diese Zinssätze praktisch auf null gesunken.

- Berücksichtigung des unternehmensspezifischen Risikos bzw. des Beta-Faktors (der Beta-Faktor wird anhand der Kursvolatilität der Aktienkurse eines bestimmten Unternehmens gegenüber der Veränderung des gesamten Aktienmarktes berechnet). In den Publikationen der Finanzwirtschaft sind solche Beta-Koeffizienten ersichtlich. Die Beta-Faktoren können sich verändern. Gemäss einzelnen Experten ist das Beta ebenso «aus der Luft gegriffen» wie die Zuschläge nach anderen Verfahren.

Der Risikozuschlag und der Eigenkapitalkostensatz werden wie folgt ermittelt:

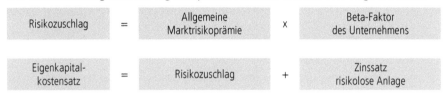

Abbildung 6: Risikozuschlag und Eigenkapitalkostensatz

Zusammengefasst wird der Kapitalkostensatz für das Eigenkapital wie folgt ermittelt:

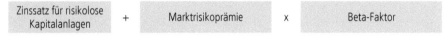

Abbildung 7: Eigenkapitalkostensatz

Anhand von konkreten Zahlen wird die Berechnung des Kapitalkostensatzes gemäss «WACC's» aufgezeigt:

Das zukünftige Finanzierungsverhältnis ist mit 30% Fremdkapital und 70% Eigenkapital geplant. Der durchschnittliche zukünftige Kostensatz für das Fremdkapital beträgt 5%. Es wird mit einem Steuersatz von 20% gerechnet. Die langjährige Rendite von Bundesobligationen liegt bei 4.6%. (In den letzten Jahren ist diese wesentlich tiefer.) Die Marktrisikoprämie wird auf 4.5% geschätzt. Der Beta-Faktor beträgt 1.2.

- Fremdkapitalkostensatz unter Berücksichtigung der Steuern

    5% von (100%–20%) oder 5% von 80% = 4%

    = Zinssatz Hypotheken x (100% – Steuersatz in %)

- Eigenkapitalkostensatz

    4.5% x 1.2 + 4.6% = 5.4% + 4.6% = 10%

    = Marktrisikoprämie x Beta + Zinssatz risikolose Kapitalanlage

- WACC = gewichteter Gesamtkapitalkostensatz

  4% x 30% + 10% x 70% = 8.2%

Formel für gewichteten Gesamtkapitalkostensatz = WACC:
EK-Kostensatz x Anteil EK + FK-Kostensatz x Anteil FK

Schema für Berechnung des steueradjustierten WACC's

Markt-risiko-prämie*		Beta-Faktor	Zwischen-total		Risiko-loser Zins	Eigenkapital-kostensatz		Anteil Eigen-kapital	Total WACC
	x			+			x		
4.5%		1.2	5.4%		4.6%	10.0%		70%	7.0%
Zinssatz Fremd-kapital	–	Steuer-satz	Korrektur Steuern			Steueradjus-tierter Fremd-kapitalkosten-satz	x	Anteil Fremd-kapital	
5.0%		20%	–1.0%			4.0%		30.0%	1.2%
									8.2%

* Die Marktrisikoprämie ergibt sich aus der Marktrendite (z.B. inskünftig erwartete Entwicklung eines Aktienindexes) minus risikoloser Zinssatz.

Die Unsicherheit besteht wie bereits erwähnt in der Ermittlung der Marktprämie und des Beta-Faktors. Falls das zu bewertende Unternehmen an der Börse nicht kotiert ist, besteht kein Beta-Faktor. Ein Lösungsansatz kann das Branchen-Beta oder der Beta-Faktor eines vergleichbaren börsenkotierten Unternehmens sein.

Bei der DCF-Methode und der EVA-Methode wird in der Regel der steueradjustierte WACC verwendet, da in den Planungsrechnungen die Steuern jeweils auf EBIT (Gewinn vor Zinsen) berechnet werden. Der Umstand, dass die Fremdkapitalzinsen die Berechnung der Steuern beeinflussen, wird mit dem steueradjustierten WACC berücksichtigt.

Bei der Ermittlung des Anteils Eigenkapital ist zu beachten, dass – sofern in der Aufgabenstellung der Börsenkurs/Martkwert der Aktien angegeben wird – dieser Wert als «massgebendes Eigenkapital» angesehen wird. D.h., in diesem Fall wird nicht das Eigenkapital gemäss der Bilanz für die Berechnung der Anteile Eigenkapital/Fremdkapital berücksichtigt.

Berücksichtigung von erwartetem zukünftigem Wachstum im Zinssatz

Wenn erwartet wird, dass der zukünftige Cashflow langfristig kontinuierlich zunimmt (beispielsweise jährlich um 1%), kann dieses Wachstum beim Zinssatz berücksichtigt werden (Anwendung in der Regel bei der DCF-Methode).

Falls keine Angaben über Ertrags-/Cashflow-Steigerungen vorliegen, aber trotzdem mit einer Wachstumsrate (g) gerechnet wird, kann die Entwicklung des Schweizer BIP (BIP = Brutto-Inlands-Produkt) gemäss Bundesamt für Statistik berücksichtigt werden.

Der Brutto-Unternehmenswert (Entity-Wert, Wert des Gesamtkapitals) wird dann wie folgt ermittelt:

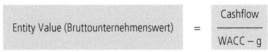

$$\text{Entity Value (Bruttounternehmenswert)} = \frac{\text{Cashflow}}{\text{WACC} - g}$$

Abbildung 8: Brutto-Unternehmenswert (Entity-Wert)

Anhand von konkreten Zahlen wird die Berechnung des Brutto-Unternehmenswertes aufgezeigt:

- Der geplante jährliche Cashflow beträgt 1'800. Es wird eine Gewinn-/Cashflowsteigerung von jährlich 1% erwartet bzw. es wird eine Wachstumsrate BIP von 1% prognostiziert.
- Der WACC/Gesamtkapitalkostensatz beträgt 10%. Nun wird von diesen 10% die erwartete Gewinn-/Cashflow-Steigerung bzw. Wachstumsrate BIP abgezogen (= 10% – 1% = 9%) und mit diesem Zinssatz die Berechnung für den Unternehmenswert durchgeführt.
- Brutto-Unternehmenswert (Entity-Value, Entity-Wert, Wert des Gesamtkapitals) = 1'800 : 9% = 20'000.
- Falls mit negativen Wachstumsraten gerechnet wird, erhöht sich der WACC/Gesamtkapitalkostensatz entsprechend.
- Der geplante jährliche Cashflow beträgt 1'800. In dieser Branche rechnet man langfristig mit einem negativen Wachstum BIP von -0.2%.
- Der WACC/Gesamtkapitalkostensatz beträgt 10%. Nun wird die erwartete negative Wachstumsrate BIP dazuaddiert (= 10% plus 0.2% = 10.2%) und mit diesem Zinssatz die Berechnung für den Unternehmenswert durchgeführt.
- Brutto-Unternehmenswert (Entity-Value, Entity-Wert, Wert des Gesamtkapitals) = 1'800 : 10.2% = 17'467.

Beispiel

Sie sind in einer Beratungsgesellschaft tätig, welche u.a. auch Unternehmensbewertungen durchführt. In einem Bewertungsgutachten haben Sie den Kapitalkostensatz als WACC berechnet und dabei im Detail die Berechnung dargestellt. Dem Auftraggeber ist nicht klar, was eine Marktrisikoprämie ist und was unter dem Beta-Faktor verstanden wird. Er erwartet von Ihnen als Experte entsprechende Erläuterungen dazu. Wie erklären Sie ihm das?

Lehnen Sie sich zurück (schauen, Sie was der andere macht, ah, der macht etwas, er arbeitet noch am Sonntag, er macht ein Gutachten über das Unternehmen AZ für den potenziellen Käufer MLX. Die Konkurrenz von MLX, die Firma GG, wäre ebenfalls interessiert, das Unternehmen AZ zu übernehmen. Die Zeit drängt, alles wird noch hektischer. Sie können sich weiter zurücklehnen, diese Hektik führte dazu, dass die genervte Sekretärin einen Entwurf des Gutachtens statt der Firma MLX dem Konkurrenten GG per Mail zugestellt hat; das Chaos ist perfekt) und überlegen Sie sich, wie Sie die Marktrisikoprämie und den Beta-Faktor erklären können. Nehmen Sie sich dazu ein paar Minuten Zeit und notieren Sie die Ergebnisse auf einem Blatt Papier.

a) **Marktrisikoprämie**

Die Marktrisikoprämie ist nicht unternehmensspezifisch. Sie soll die Unsicherheiten und Umwelteinflüsse wie Konjunkturlage, Steuer- und Geldpolitik, politische Stabilität etc., die den entsprechenden Kapitalmarkt als Ganzes betreffen, abdecken. Es ist der Zuschlag zum langfristigen risikolosen Zinssatz des betreffenden Kapitalmarktes. Die Marktrisikoprämie deckt die allgemeinen Risiken ab. Das spezifische Risiko des Unternehmens (Management, Grösse, Rechtsform, Zusammensetzung der Aktiven und Passiven, Finanzierungs- und Investitionsmöglichkeiten etc.) sowie das Branchenrisiko werden im Beta-Faktor berücksichtigt.

b) **Beta-Faktor**

Der Beta-Faktor (Korrelationskoeffizient) zeigt Kursveränderungen eines kotierten Unternehmens im Verhältnis zum Gesamtmarkt. Sensitivität/Volatilität der Aktienrendite (Aktienkurs/Aktienindiz/Börsenkurs) eines (kotierten) Unternehmens im Vergleich zum Gesamtmarkt. Fehlt eine Börsenkotierung, wird auf sogenannte Vergleichs-Betas ausgewichen, die von ähnlichen Gesellschaften der gleichen Branche oder vom Branchendurchschnitt stammen. Der Beta-Faktor ist unternehmensspezifisch und/oder branchenbezogen.

3.2 Bestimmung und Anwendung des Kapitalkostensatzes/ WACC

Die Rendite des Gesamtmarktes wird mit «Faktor 1» definiert. Wenn sich die Aktienkurse eines Unternehmens in der Vergangenheit um 20% stärker als der Markt verändert haben, verfügt es über einen Beta-Faktor von 1.2.

Zusammenfassung

Die Bestimmung des Kapitalkostensatzes basiert auf dem Kapitalmarktmodell CAPM (Capital Asset Pricing Model) und wird als marktorientierter Lösungsansatz für die Ermittlung des Zinssatzes definiert. Der gewichtete Kapitalkostensatz (Gesamtkapitalzinssatz) wird als WACC (Weigthed Average Cost of Capital) bezeichnet. Er wird aufgeteilt in den

- Kapitalkostensatz für das Fremdkapital und den
- Kapitalkostensatz für das Eigenkapital.

Der WACC wird anhand der zukünftig geplanten Finanzierungsverhältnisse als gewichtetes Mittel dieser zwei Kapitalkostensätze berechnet. Die «richtige» Bestimmung des Eigenkapitalkostensatzes hängt u.a. von der Marktrisikoprämie und der Bestimmung des Beta-Faktors ab. Beta-Werte können sich verändern. In der Finanzmarktforschung wird die Aussagekraft des Aktien-Betas teilweise infrage gestellt.

Der WACC wird meist bei der DFC- und der EVA-Methode angewendet.

Bei erwartetem zukünftigem konstantem Wachstum des Gewinnes bzw. des Cashflows kann dies im anzuwendenden Zinssatz/WACC (Kapitalkostensatz) berücksichtigt werden.

4 Verfahren der Unternehmensbewertung

4.1 Bewertungsmethoden

Der eigentlichen Unternehmensbewertung gehen bei allen Bewertungsmethoden umfangreiche Arbeiten zur Informations- und Datenbeschaffung voraus. Innerhalb der Bewertungsmethoden bestimmen die Techniken das weitere Vorgehen. Die wesentlichsten Methoden/Verfahren werden in den folgenden Kapiteln dargestellt. Dazu gehören:

- Ertragswert-Methode
- Mittelwert- oder Praktiker-Methode
- Discounted-Cashflow-Methode (DCF-Methode)
- Economic-Value-Added-Methode (EVA-Methode)
- Goodwill-Rentendauer-Methode (Übergewinn-Methode)

Nachstehend sind die wichtigsten Methoden im Überblick dargestellt:

Substanzwert-Methode	Ertragswert-Methode	a) Praktiker-Methode b) Goodwill-Rentendauer	Discounted-Cashflow-Methode (DCF-Methode)	Economic-Value-Added-Methode (EVA-Methode)
Der Unternehmenswert wird auf Basis der Bilanz (Brutto-Netto-Methode), zu betriebswirtschaftlichen Werten, berechnet.	Der Unternehmenswert wird aufgrund von zukünftig erwarteten Gewinnen (Basis Durchschnittsgewinne der Vergangenheit plus Zukunftserwartungen) ermittelt.	a) Der Substanz- und der Ertragswert werden gewichtet. b) Der Barwert des Übergewinnes wird zum Substanzwert addiert.	Der Unternehmenswert wird anhand von zukünftig erwarteten Free Cashflows ermittelt.	Der Unternehmenswert wird anhand von zukünftig geplanten Mehrwerten berechnet, wobei der Substanzwert/NOA berücksichtigt wird.

Berechnung nach der Brutto- oder Netto-Methode

Die Berechnungen nach den verschiedenen Verfahren/Methoden können nach der Brutto- oder Netto-Methode erfolgen. Unter Einbezug des «richtigen» Zinssatzes sollten theoretisch alle Verfahren in etwa zum selben Unternehmenswert führen.

4.2 Wozu wird der Substanzwert ermittelt?

Die meisten Bewertungsverfahren fordern eine Berechnung des Substanzwertes. Auch wenn der Substanzwert aus Sicht der Bewertungsmethode nicht unbedingt erforderlich wäre (reine Ertragswertverfahren), wird empfohlen, eine Substanzwertberechnung durchzuführen. Kein Bewertungsverfahren stellt allein auf den Substanzwert ab.

Dem Substanzwert werden folgende Funktionen zugeschrieben:

- als Faktor in der Bewertungsformel (Mittelwertmethode, EVA-Methode und Methode der begrenzten Goodwill-Rentendauer= UEC-Methode),
- als Vergleichsgrösse für den Zukunftserfolgswert und Benchmark für die Rentabilität,
- als Berechnungsbasis für die Ermittlung der zukünftigen Abschreibungen bei der Ermittlung des Zukunftserfolges,
- als Basis für die Beurteilung und das Ausscheiden von nicht betrieblichen Unternehmensteilen. Diese werden zum Liquidationswert bewertet und zum betrieblichen Unternehmenswert addiert,
- als Faktor bei der Ermittlung des Kapitalisierungszinsfusses, da der Substanzwert ein Ausdruck des Risikos ist (bei wenig Eigenkapital ist das zukünftige finanzielle Risiko höher als bei einer hohen Eigenkapitalquote),
- als Ausgangsgrösse für die Liquidationsbewertung (im Sinne einer Preisuntergrenze, unter dem Liquidationswert wird normalerweise kein Unternehmen verkauft) und als Basis zur Feststellung von fehlender oder überschüssiger Substanz.

Der Substanzwert kann wichtige Hinweise für die Finanzierungsüberlegungen des Käufers geben; bringt das zu erwerbende Unternehmen zusätzliche Liquidität/Finanzierungspotenzial oder ist es unterkapitalisiert und benötigt eine Kapitalspritze?

Die Gründe für die Ermittlung und Berechnung des Substanzwertes hängen von der Zielsetzung des Auftrages und von der verwendeten Bewertungsmethode ab. Als Grundlage für die Ermittlung eines Unternehmenswertes werden in praktisch allen Fällen die Jahresrechnungen (Bilanz, Erfolgsrechnung, Anhang) der vergangenen Jahre verwendet. Die einzelnen Positionen der Bilanz, der Erfolgsrechnung und des Anhanges müssen beurteilt werden.

Die Analyse der einzelnen Positionen der Bilanz- und Erfolgsrechnung kann Hinweise für die zukünftigen Ertragserwartungen geben. Allenfalls müssen nach der Übernahme weitere zusätzliche Mittel bereitgestellt werden, damit der «erhoffte» Erfolg eintritt.

- Bei der Prüfung der Debitoren (Forderungen aus Lieferungen und Leistungen, kurz Forderungen aus LL) wird festgestellt, dass über 50% der Ausstände einen Kunden betreffen. Neben der Bewertung dieser Position (Delkredere/Risiko eines Debitorenverlustes) kann dies Auswirkungen auf die Ertragslage haben. Es ist abzuklären, ob der zukünftige Umsatz von diesem Kunden wesentlich beeinflusst wird. Falls dieser wegfallen würde, könnte der geplante Umsatz (und Gewinn) nicht erreicht werden.
- Bei der Analyse der Anlagen kann untersucht werden, ob die betrieblich notwendige Substanz/Kapazität vorhanden ist, um die geplanten Produkte herzustellen. Bei Überkapazitäten sind zusätzliche Abschreibungen, bei Unterkapazitäten sind weitere Investitionen und damit zusätzliche Mittel bereitzustellen.

Ein weiterer wichtiger Aspekt bei der Berechnung des Substanzwertes ist die Passivseite, d.h. die Erfassung und Berücksichtigung aller Verpflichtungen und betriebsnotwendigen Rückstellungen. Für den Käufer eines Unternehmens ist dies ein wesentlicher Faktor. Nicht erkannte Altlasten können einem Unternehmen Schwierigkeiten bereiten.

- Bei der Übernahme einer Bank wurde festgestellt, dass in der Vergangenheit zu wenig Wertberichtigungen auf den bestehenden Kreditpositionen gebildet wurden. Nach der Fusion kamen diese «Kreditleichen» zum Vorschein, und in der Folge mussten diese abgeschrieben werden. Der bei der Übernahme geplante zukünftige Gewinn war somit zu hoch.
- Der Deckungsgrad für die Verpflichtungen einer Personalvorsorgestiftung wurde bisher statisch berechnet und ein Wert von über 100% ausgewiesen. Unter Beachtung der zukünftigen Einnahmen und Ausgaben (dynamisch berechnet) ergibt sich ein Deckungsgrad von lediglich 80%. Nach der Übernahme des Unternehmens wird festgestellt, dass dies bei der Berechnung der Rückstellungen für die Personalvorsorge nicht beachtet wurde. Die Deckungslücke muss zukünftig (mindestens teilweise) von dem Unternehmen finanziert werden. Der zukünftige Gewinn wird entsprechend vermindert.

Beispiel

Sie sind in einer Beratungsgesellschaft tätig, welche Unternehmensbewertungen durchführt. Im Auftrag eines potenziellen Verkäufers wurde ein Gutachten erstellt und u.a. auch der Substanzwert berechnet.

4.2 Wozu wird der Substanzwert ermittelt?

> Der Auftraggeber ist der Ansicht, dass die Berechnung des Substanzwertes (mit entsprechend höheren Honorarkosten für die Expertise) nicht notwendig gewesen wäre. Sie sollen nun dem Käufer erklären, welche Aufgaben der Substanzwert bei der Ermittlung des Unternehmenswertes erfüllt.
>
> Lehnen Sie sich zurück (schauen Sie, was der andere macht, ah, er macht eine schöne Finanzplanung für die Gesellschaft MLX, er geht in seiner Planung davon aus, dass die Banken die Kreditlimite um 2 Millionen erhöhen werden. Sie können sich weiter zurücklehnen, die Banken haben heute die Kredite und die Limiten gekündigt. Die Gesellschaft MLX wird in einem Monat illiquid sein, die Gesellschaft braucht keinen Finanzplan, sondern einen Sanierungsplan) und überlegen Sie sich, welche Aufgaben der Substanzwert bei der Ermittlung des Unternehmenswertes erfüllt. Nehmen Sie sich dazu ein paar Minuten Zeit und notieren Sie die Ergebnisse auf einem Blatt Papier.

Der Substanzwert bildet einen Basisbaustein bei der Ermittlung des Unternehmenswertes. Er erfüllt folgende Aufgaben:

- Er ist ein Teil von einem Bewertungsgutachten.
- Er bildet die Basis für die Beurteilung und das Ausscheiden von nicht betrieblichen Unternehmensteilen.
- Er bildet eine Vergleichsgrösse für den Zukunftserfolg und dient als Rentabilitätsmassstab.
- Er dient als Berechnungsbasis für die Ermittlung des Zukunftserfolges (u.a. bei der Berechnung der zukünftigen Abschreibungen).
- Er dient als Faktor für die Ermittlung des Kapitalisierungszinssatzes (u.a. bei ungenügendem Eigenkapital wird der Risikozuschlag höher).
- Er dient als Ausgangsgrösse für die Ermittlung des Liquidationswertes von nicht betrieblichen Vermögensteilen.
- Er dient als Basis zur Feststellung von überschüssiger oder fehlender Substanz.
- Er kann als Grundlage für die Berechnung eines Finanzplanes dienen.

> **Zusammenfassung**
>
> Der Substanzwert kann bei der Ermittlung des Unternehmenswertes ein Basisbaustein sein. Der Substanzwert ist ein Faktor in der Bewertungsformel (Mittelwert und begrenzte Goodwill-Rentendauer) und kann Informationen für die zukünftigen Abschreibungen, die Kapazitätsauslastung und die Abschätzung der zukünftigen Risiko- und Ertragslage geben.

Anhand von zukünftigen Markt- und Planungsdaten wird beurteilt, welche Unternehmensteile (Vermögenswerte) nicht betriebsnotwendig sind. Diese werden meist zum Liquidationswert in der Unternehmensbewertung separat berücksichtigt.
Der Substanzwert gibt dem Käufer wichtige Hinweise für seine Finanzierungsüberlegungen.

4.3 Grundsätze für die Ermittlung des Substanzwertes

In der Regel ist für die Ermittlung des Substanzwertes die letzte (geprüfte) Jahresrechnung des zu bewertenden Unternehmens nach Gewinnverteilung die Ausgangsbasis. Allenfalls kann auch eine Zwischenbilanz (welche aktuellere Werte enthält) als Basis verwendet werden.

Es werden die Jahresrechnungen der vergangenen drei bis fünf Jahre und die Aufzeichnungen über die stillen Reserven herangezogen.

Die Bewertung der betrieblichen Vermögenswerte erfolgt unter der Annahme, dass das Unternehmen weitergeführt wird (Going-Concern-Prinzip), d.h., Basis bildet der Fortführungswert. Das nicht betriebliche Vermögen (inkl. dazugehörende Verpflichtungen) wird zum Liquidationswert eingesetzt.

Der Substanzwert ist mit dem Zukunftserfolg zu koordinieren. Substanzwertberechnungen und Ertragswertberechnungen sind aufeinander abzustimmen. Steigt der Reproduktionskostenwert der Anlagen, werden auch die zukünftigen Abschreibungen höher sein.

Die Bewertung der einzelnen Bilanzpositionen erfolgt nach betriebswirtschaftlichen Grundsätzen. Allfällige handelsrechtliche Vorschriften im Sinne des Vorsichtsprinzips (u.a. Niederstwertprinzip) sind nicht zu beachten. Die Frage lautet, was müsste ich heute aufwenden, um das gleiche Unternehmen mit den gleichen (alten) Anlagen, Vorräten usw. zu erhalten (= Reproduktionskostenwert). Für die Bewertung des Umlaufvermögens ist der Marktpreis auf dem Beschaffungsmarkt per Bewertungsstichtag massgebend.

Im Weiteren haben Faktoren wie die Konjunktur (Rezessions- oder Aufschwungphase), die Branche, der Markt, das Land, der Zinssatz für langfristige risikofreie Anlagen, die Entwicklung der Börsenkurse, die Beurteilung des Lebenszyklus der Produkte der entsprechenden Unternehmen (in der Aufbau- oder bereits in der Abbauphase) usw. einen Einfluss.

4.3 Grundsätze für die Ermittlung des Substanzwertes

Beispiel

Sie sind Finanzchef der PLANTA AG, ein Handels- und Fabrikationsunternehmen, das im Bereich Zulieferer für Automobile tätig ist. Die Ergebnisse der letzten Jahre sind gut. Man geht davon aus, dass ein Verkaufsumsatz in der Grössenordnung der letzten Jahre auch inskünftig erzielt werden kann. Eine Umsatzsteigerung ist nicht zu erwarten.

Der bisherige Alleinaktionär möchte noch etwas anderes machen und die Aktien der PLANTA AG verkaufen. Er hat Sie beauftragt, anhand der folgenden Angaben vorerst den Substanzwert des Unternehmens zu ermitteln.

Die Bilanz vom letzten Jahr zeigt folgendes Bild (Zahlen in CHF 1'000)

Aktiven		Passiven	
Liquide Mittel	1'200	Verpflichtungen aus LL	3'500
Forderungen aus LL	5'600	Bank Kontokorrent	2'600
Warenvorräte	4'000	Rückstellungen	1'500
Beteiligung	900	Aktienkapital	6'000
Maschinen und Mobilien	4'900	Offene Reserven	3'000
Total Aktiven	**16'600**	**Total Passiven**	**16'600**

Erläuterungen zu einzelnen Bilanzpositionen (alle Zahlen in CHF 1'000)

- Forderungen aus Lieferungen und Leistungen (Debitoren)
  Aufgrund der Detail-Analyse der offenen Debitoren wird ein betriebswirtschaftlicher Wert von 5'800 ermittelt.

- Warenvorräte
  Der betriebswirtschaftliche Wert der Warenvorräte beträgt 6'000. Unter Berücksichtigung der steuerlich privilegierten Warenreserve von einem Drittel wird ein Buchwert von 4'000 ausgewiesen. Es ergibt sich somit eine Bewertungskorrektur (= stille Reserven) von 2'000.

- Beteiligung
  Die PLANTA AG ist bei der X AG zu 40% beteiligt. Eine Expertise hat einen anteiligen Unternehmenswert von 1'000 ergeben. Die Beteiligung ist nicht betriebsnotwendig.

- Maschinen und Mobilien
  Aus dem Anlagespiegel, der Anlagebuchhaltung und weiteren Unterlagen resultiert per Bewertungsstichtag ein Reproduktionskostenwert von 6'000.

Verpflichtungen aus Lieferungen und Leistungen (Kreditoren)
Hier ist abzuklären, ob alle Verpflichtungen aus Lieferungen und Leistungen erfasst sind.

- Rückstellungen
  Der bilanzierte Betrag für die Rückstellungen betrifft eine Garantierückstellung von 1'500, welche betriebswirtschaftlich angemessen ist und von der Steuerverwaltung akzeptiert wurde.
- Weitere Angaben
  Die Rückstellung für latente Steuern kann pauschal berechnet werden. Der Steuersatz beträgt 20% (darin ist bereits berücksichtigt, dass die Steuern abzugsfähig sind).

> Lehnen Sie sich zurück (schauen Sie, was der andere macht, ah, er sucht eine Chefin für die Abteilung 4. Er macht bereits ein schönes Pflichtenheft. Sie können sich weiter zurücklehnen, der Verwaltungsrat will sich auf die Kernkompetenzen – weiss er welche? – konzentrieren und hat beschlossen, die Abteilungen 4 und 5 zu schliessen, es braucht keine neue Chefin für die Abteilung 4) und überlegen Sie sich, wie der Substanzwert ermittelt werden kann. Nehmen Sie sich dazu ein paar Minuten Zeit und berechnen Sie den Substanzwert.

Für die Ermittlung des Substanzwertes ist vorerst die Ausscheidung von nicht betriebsnotwendigen Vermögenswerten (inkl. Verpflichtungen) vorzunehmen. Die nicht betrieblichen Vermögenswerte sind zum Liquidationswert (Marktwert) einzusetzen, unter Berücksichtigung von allfälligen latenten Steuern auf nicht versteuerten stillen Reserven.

Nicht betriebsnotwendiges Vermögen	Buchwert	Marktwert vor Steuern	Stille unverst. Reserven	Rückst. Steuern	Marktwert nach Steuern
Beteiligung	900	1'000	100	–20	980

Rückstellung für latente Steuern: Total der nicht versteuerten stillen Reserven auf dem nicht betrieblichen Vermögen = 100; davon 20% = 20.

Für die Ermittlung des betrieblichen Substanzwertes, nach Berücksichtigung von latenten Steuern, können die Werte wie folgt zusammengestellt werden:

4.3 Grundsätze für die Ermittlung des Substanzwertes

Betriebs-notwendiges Vermögen	Buchwert	Substanz-wert vor Steuern	Stille Reserven	Rückst. Steuern	Substanz-wert nach Steuern / Statuswert
Liquide Mittel	1'200	1'200			1'200
Forderungen aus LL	5'600	5'800	200		5'800
Warenvorräte	4'000	6'000	2'000		6'000
Mobilien und Maschinen	4'900	6'000	1'100		6'000
Brutto-Substanz betrieblich	**15'700**	**19'000**	**3'300**		**19'000**
Verpflichtungen aus LL	−3'500	−3'500			−3'500
Bank Kontokorrent	−2'600	−2'600			−2'600
Rückstellungen	−1'500	−1'500			−1'500
Rückstellung für latente Steuern	0	0		330	−330
Betriebliche Netto-Substanz	**8'100**	**11'400**			**11'070**

Rückstellung für latente Steuern: Nicht versteuerte stille Reserven auf dem betrieblichen Vermögen = 3'300; davon 10% (auf den betrieblichen stillen nicht versteuerten Reserven wird in der Regel der halbe Steuersatz berücksichtigt, da offen ist, wann die stillen Reserven versteuert werden) = 330.

Netto-Substanzwert des betrieblichen Vermögens	11'070
Netto-Substanzwert des nicht betrieblichen Vermögens	980
Total Substanzwert netto	**12'050**

Zusammenfassung

Die Bewertung des betriebsnotwendigen Vermögens erfolgt zu betriebswirtschaftlichen Fortführungswerten. Die nicht betriebliche Substanz wird zu Liquidationswerten eingesetzt.

Basis für die Ermittlung des Substanzwertes ist in der Regel die letzte (geprüfte) Jahresrechnung/Bilanz der zu bewertenden Unternehmen.

Soweit möglich wird der Marktwert (flüssige Mittel, Wertschriften, Warenvorräte) ermittelt, d.h., die Wiederbeschaffung dieser Vermögensteile kann zu Marktwerten erfolgen. Bei Forderungen ist die Solvenz und Bonität der Kunden abzuschätzen. Maschinen, Mobilien und Liegenschaften sind zum Wiederbeschaffungswert/Reproduktionskostenwert unter Berücksichtigung der restlichen Nutzungsdauer einzusetzen. Immaterielle Vermögensteile sind ebenfalls zu bewerten (Nutzwert) und im Substanzwert zu erfassen; falls diese nicht bewertbar sind, erfolgt ein entsprechender Hinweis im Bewertungsgutachten.

Bei den Bilanzpositionen der Passivseite ist wichtig, dass alle Verpflichtungen erfasst sind, die erforderlichen Rechnungsabgrenzungen gemacht wurden und die betriebsnotwendigen Rückstellungen vollständig und zum richtigen Wert berücksichtigt werden.

4.4 Ertragswert-Methode

Der Wert eines Unternehmens hängt vom zukünftigen Erfolg ab. Der Zukunftserfolg wird u.a. (wie jedes Budget) auf Basis der Vorjahre und der Erwartungen geplant/prognostiziert. Die Grundlagen für die Planung des zukünftigen Erfolges (Reingewinn, Cashflow) bilden die bereinigten bisherigen Ergebnisse und die zukünftigen Entwicklungsmöglichkeiten, welche anhand von Markt-/Umweltanalysen und künftigen Strategien budgetiert/prognostiziert werden.

Die Kapitalisierung des zukünftigen nachhaltigen Erfolges mit dem massgebenden Zinssatz ergibt den Ertragswert. Sowohl bei der Schätzung der zukünftigen Ergebnisse wie bei der Bestimmung des Zinsfusses besteht ein gewisser Ermessensspielraum.

Basis für die Budgetierung der Zukunftserfolge bilden die Vergangenheitserfolgsrechnungen. Diese sind zu bereinigen, die willkürlichen (Bildung und Auflösung von stillen Reserven) betriebs- und periodenfremden sowie ausserordentliche Aufwendungen und Erträge sind zu eliminieren. Bei der Ermittlung der Budgetzahlen werden Zukunftsprognosen und Markt-, Kosten-, Produkt- und Kapazitätsanalysen erstellt. Voraussehbare Entwicklungen vom Markt und von der Umwelt müssen erkannt und in den Planzahlen des Unternehmens mitberücksichtigt werden. Es ist zu prüfen, ob Mehr- oder Minderaufwendungen sowie Mehr-/Mindererträge zu erwarten sind. Für die langfristige Zukunftsentwicklung eines Unternehmens spielt im Weiteren das Management eine wesentliche Rolle.

Die Grundsätze für die Ermittlung des nachhaltigen Gewinnes gelten ebenfalls für die Bestimmung der zukünftigen Cashflows bei Anwendung der DCF-Methode und für die Planung der Gewinne vor Zinsen und nach Steuern bei Anwendung der EVA-Methode.

4.4 Ertragswert-Methode

Der Unternehmenswert wird nach der Ertragswert-Methode wie folgt berechnet:

| Ertragswert | = | betrieblicher Zukunftserfolg (Gewinn) | : | Zinsfuss in Prozent |

Abbildung 9: Unternehmenswert

Bereinigen der Erfolgsrechnungen

Die bisherigen Erfolgsrechnungen dienen als Basis für die Schätzung des zukünftig nachhaltigen Ertrages/Gewinnes. Alle ausserordentlichen, betriebsfremden und zukünftig nicht mehr anfallenden Erträge und Aufwände sind zu eliminieren.

Die Erfolgsrechnungen sind zu bereinigen und können als Vergleichsbasis und Budgetgrundlage dienen. Das nachstehend aufgeführte einfache Beispiel zeigt die Bereinigung der Vergangenheitserfolgsrechnungen und eine mögliche Variante, um auf der bereinigten Basis den zukünftig massgebenden Ertrag/Gewinn zu budgetieren. Selbstverständlich können auch andere Budgetierungsprozesse (z.B. direkte Korrektur/Budgetierung der einzelnen Ertrags- und Aufwandpositionen) zum gewünschten Ziel (nachhaltiger Zukunftsgewinn) führen. Wichtig ist, dass bei diesen Planrechnungen die externen Rahmenbedingungen (Umwelt, Konjunkturlage, Zinssätze, Konkurrenz usw.) sowie die auf das Unternehmen bezogenen Zukunftsaussichten (Management, Produkte, Marktstellung, Kapazität, Kosten usw.) analysiert und berücksichtigt werden.

Positionen der Erfolgsrechnung	Vorjahr 1	Vorjahr 2	Vorjahr 3	Budget Jahr 4
Ausgewiesener Gewinn	600	700	600	
Korrekturposten:				
Abschreibungen auf Anlagen	+1'500	+1'500	+1'500	
Veränderung Warenreserven	+200	+200	−100	
Bezüge der Geschäftsleitung	+400	+900	+700	
Personalvorsorgeaufwendungen	+200	+100	+100	
Zinsaufwand	+200	+200	+300	
Steuern	+200	+200	+300	
Ausserordentliche Aufwände/Erträge	−100	+200		
Betriebsfremde Aufwände/Erträge	+200	−100	+100	
Bereinigte Rohergebnisse	**3'400**	**3'900**	**3'500**	**3'600**

Abschreibungen inskünftig	−1'000
Bezüge der Geschäftsleitung zukünftig	−800
Personalvorsorge inskünftig	−300
Zu erwartende zukünftige Mehrerträge	+200
Zinsen inskünftig	−300
Gewinn vor Steuern, nach Zinsen	1'400
Steuern 25%	−350
Zukunftsgewinn nach Steuern	**1'050**

Bei der Brutto-Methode sind die Fremdkapitalzinsen zum Gewinn nach Steuern dazuzuzählen.

Die wichtigsten Korrekturen sind nachfolgend kurz beschrieben.

Abschreibungen auf Anlagen

Die buchmässigen (bisherigen) Abschreibungen sind zu stornieren. Für die Berechnung des massgebenden Zukunftserfolges sind die zukünftigen betriebswirtschaftlichen Abschreibungen auf den Sachanlagen massgebend. Für die Ermittlung dieser zukünftigen Abschreibungen können die bei der Berechnung des Substanzwertes berechneten Reproduktionskostenwerte der Sachanlagen benutzt werden. Unter Berücksichtigung der restlichen Nutzungsdauer dieser Anlagen sind die zukünftigen Abschreibungen zu ermitteln.

Ermittlung der zukünftigen Abschreibungen:

- Buchwert der Maschinen am Bewertungsstichtag .... 4'500'000
- Bisherige Abschreibung pro Jahr .... 1'500'000
- Reproduktionskostenwert .... 6'000'000
- Restliche betriebswirtschaftliche Nutzungsdauer .... 6 Jahre
- Zukünftige Abschreibungen pro Jahr = 6'000'000 : 6 .... 1'000'000

Im Budget sind die zukünftigen Abschreibungen einzusetzen.

Veränderung von Warenreserven

Die Veränderung von stillen Reserven auf den Warenvorräten ist anhand der Buchwerte und der tatsächlichen Inventarwerte darzulegen.

4.4 Ertragswert-Methode

Ermittlung der Veränderung der Warenreserven:

Warenvorräte	Vorjahr 0	Vorjahr 1	Vorjahr 2	Vorjahr 3
Einstandswert/effektiver Wert	600	1'200	1'800	1'500
Buchwert/Bilanzwert	400	800	1'200	1'000
$1/3$ Warenreserven	200	400	600	500
Zunahme/Bildung Warenreserven		+200	+200	
Abnahme/Auflösung Warenreserve				−100

Die Veränderung der stillen Reserven gegenüber dem Vorjahr bewirkt eine Auflösung oder eine Bildung von stillen Reserven, welche bei der Bereinigung der Erfolgsrechnungen zu berücksichtigen ist.

Bezüge der Geschäftsleitung

Übermässige Bezüge der Geschäftsleitung sind in kleinen und grossen Unternehmen möglich. Es können über dem Durchschnitt liegende Entschädigungen, Gehälter, Pauschalspesen, Personalvorsorgeversicherungen, Autos, Beschaffungen für den privaten Gebrauch zulasten der Unternehmen usw. sein. Für die Bereinigungen sind diese Aufwendungen aufzurechnen und in der Zukunftserfolgsrechnung ist der Betrag einzusetzen, welcher inskünftig als angemessen betrachtet wird.

Aufwand Personalvorsorge

Die buchmässigen (bisherigen) Personalvorsorgeaufwendungen sind zu stornieren. Für die Berechnung des massgebenden Erfolges sind die zukünftigen Personalvorsorgeaufwendungen einzusetzen. Für die künftige Belastung ist das Ausmass des bereits geäufneten Personalvorsorgevermögens zu berücksichtigen. Es ist zwischen Leistungs- und Beitragsprimat zu unterscheiden. Die Basis für die Rückstellung bilden beim Leistungsprimat die Barwerte der künftigen Leistungen (inkl. künftige Lohnerhöhungen und Anpassung der Renten an die Teuerung), d.h. analog internationalen Rechnungslegungsstandards. Es besteht sonst das Risiko, dass der zukünftige Aufwand für die Personalvorsorgeverpflichtungen zu tief budgetiert wird. Wichtig ist, dass in den erwarteten Planzahlen die Aufwendungen für die Finanzierung einer allfälligen Deckungslücke, welche das Unternehmen zu tragen hat, enthalten sind. Ebenfalls sind voraussichtliche vorzeitige Pensionierungen und Leistungen im Sinne eines Sozialplanes in die Überlegungen mit einzubeziehen.

Zinsaufwand und Zinsertrag

Die buchmässigen (bisherigen) Zinsaufwände und -erträge sind zu korrigieren. Für die Zukunftserfolgsrechnung ist wichtig, wie die zukünftige Finanzierung aussehen soll und dass nur die betrieblichen Zinsen berücksichtigt werden. Bei einem Umsatzwachstum müssen allenfalls die Forderungen aus LL (Debitoren) und die Warenvorräte erhöht sowie zusätzliche Produktionsanlagen bereitgestellt werden. Damit könnte eine Erhöhung des verzinslichen Fremdkapitals verbunden sein.

Bei der Brutto-Methode ist ein Zukunftsgewinn vor Fremdkapitalzinsen zu berücksichtigen.

Steuern

Die Steuern werden auf den geschätzten zukünftigen steuerbaren Gewinnen berechnet. Die bisherigen Steueraufwendungen sind zu eliminieren. Zu berücksichtigen sind sowohl allfällig höhere Steuersätze als auch der Umstand, dass die betriebswirtschaftlichen Abschreibungen nicht den steuerlich zulässigen Abschreibungen gleichzusetzen sind. Wenn das Unternehmen alle Sachanlagen bereits steuerlich abgeschrieben hat, können in der zukünftigen Erfolgsrechnung die budgetierten Abschreibungen steuerlich nicht mehr geltend gemacht werden. Es kann daher sinnvoll sein, für die Berechnung der zukünftigen Steuern separate «steuerliche» Zukunftserfolgsrechnungen zu erstellen. Bei einfachen Verhältnissen kann es genügen, den zukünftigen Steueraufwand aufgrund des betriebswirtschaftlichen steuerbaren Erfolgs zu berechnen. Gewinnsteuern auf Erträgen für nicht betriebliche Vermögenswerte sind separat zu behandeln. Als Aufwand sind auch die Kapitalsteuern zu budgetieren.

> Ermittlung des zukünftigen Steueraufwandes:
>
> Zukunftserfolg vor Steuern 1'400. Annahme Gewinnsteuersatz = 33.3%, die Steuern sind abzugsfähig; auf die Berechnung der Kapitalsteuer wird verzichtet. Wenn die Steuern abzugsfähig sind, muss im Hundert gerechnet werden
>
> = 1'400 x 33.3 : 133.3 = 350.
>
> Man kann den Steuersatz auch direkt reduzieren
> 100% x 33.3 : 133.3 = 25%;
>
> 25% von 1'400 = zukünftiger Steueraufwand = 350.

Betriebsfremde Aufwendungen und Erträge

Alle Erfolge (Aufwendungen und Erträge) aus nicht betrieblichen Vermögenswerten inkl. dazugehörendes Fremdkapital (betriebsfremde Liegenschaft und die dazugehörenden Hypothekarschulden = Mietzinseinnahmen und Hypothekarzinsen) sind zu eliminieren.

Ausserordentliche Aufwendungen und Erträge

Ebenfalls sind alle Erfolge ausserordentlicher Art, einmalige Gewinne aus Sonderaufträgen, ausserordentliche Abschreibungen auf Debitoren, Schadensfälle usw. auszuscheiden.

Die Beurteilung ist manchmal schwierig. Ob grosse Debitorenverluste als ausserordentlicher Aufwand zu betrachten sind, hängt u.a. von der Branche, den Kunden, dem Vertriebssystem und anderen Faktoren ab. Bei einer Bank gehören Forderungsverluste in bestimmtem Rahmen zum Geschäftsrisiko. Die Geschäftsleitung hat die Tendenz, solche Verluste eher als ausserordentlich und einmalig zu bezeichnen. Beim Zukunftserfolg ist abzuwägen, inwieweit Debitorenverluste als operativer/geschäftlicher Aufwand zu taxieren sind. Ein starkes Umsatzwachstum kann mit zusätzlichen Debitorenverlusten verbunden sein.

> **Zusammenfassung**
>
> Der Zukunftserfolg wird meist (wie jedes Budget) aufgrund der Erfahrungen der Vorjahre berechnet (geschätzt). Die Analyse und Bereinigung der bisherigen Erfolgsrechnungen soll dazu dienen, die betrieblichen Aufwendungen und Erträge bzw. den betrieblichen normalen Gewinn der Vergangenheit aufzuzeigen.
>
> Betriebsfremde sowie ausserordentliche Aufwendungen und Erträge sind zu eliminieren. Veränderungen von stillen Reserven sind zu berücksichtigen. Abschreibungen, Zinsen und Steuern werden aufgerechnet. Ausgehend vom bereinigten Rohergebnis werden im «Zukunftsbudget» betriebswirtschaftliche, zukunftsgerichtete Abschreibungen, Zinsen und Steuern eingesetzt.
>
> Sofern im Vergleich zu den Vorjahren nicht abgeschätzt werden kann, ob in Zukunft die Gewinne steigen oder sinken, bzw. die Annahme getroffen wird, dass das Unternehmen gleich weitergeführt wird und die Konjunktur- und Marktlage sich nicht wesentlich verändert, kann für die Ermittlung des Zukunftserfolges vom Durchschnitt der letzten (bereinigten) Jahresergebnisse ausgegangen werden.
>
> Für den Ertragswert sind grundsätzlich zwei Faktoren wertbestimmend: der massgebende zukünftige (betriebliche) Gewinn des Unternehmens und der Zinssatz. Der (hoffentlich) nachhaltige Zukunftserfolg wird mit dem Zinsfuss kapitalisiert.

4.5 Mittelwert- oder Praktiker-Methode

Lange Zeit war dies die übliche Methode in der Schweiz. Sie wird von der Steuerverwaltung für die Berechnung des Aktienwertes und bei der Bewertung von KMU eingesetzt. Der Unternehmenswert wird aus einem gewichteten Mittel zwischen Ertragswert und Substanzwert berechnet. In der Regel wird der Ertragswert doppelt berücksichtigt, wobei eine andere Gewichtung auch denkbar wäre. Die Mittelwert-Methode ist einfach und verständlich. Sie berücksichtigt den «sichtbaren» Substanzwert und die zukünftigen Erträge.

Der Unternehmenswert wird nach der Mittelwert-Methode wie folgt berechnet:

Abbildung 10: Mittelwert-Praktiker-Methode

Gemäss Finanzmarktforschung ist eine solche Bewertung mit Mittelwertbildungen für betriebswirtschaftliche Entscheide eher problematisch. Im Substanz- und im Ertragswert liegen unterschiedliche Informationen, die miteinander gewichtet werden. Vermehrt werden daher bei Unternehmensbewertungen die DCF- und EVA-Methoden angewendet.

> **Beispiel**
> Sie sind in einer Beratungsgesellschaft tätig, welche u.a. Unternehmensbewertungen durchführt. Sie erhalten den Auftrag, anhand der nachstehenden Daten den Unternehmenswert nach der Praktiker-Methode zu ermitteln und zu kommentieren.
> - Netto-Substanzwert (betrieblich) .... 16 Millionen
> - Zukünftiger nachhaltiger Gewinn .... 1 Million
> - Zinssatz 10%
> - Nicht betriebliche Netto-Substanz .... 2 Millionen

4.5 Mittelwert- oder Praktiker-Methode

> Lehnen Sie sich zurück (schauen Sie, was der andere macht, ah, der macht etwas, er führt eine detaillierte Kostenrechnung in der Kantonsverwaltung ein, nun können die Kosten von jedem Arbeitsschritt ermittelt werden. Sie können sich weiter zurücklehnen, denn die Berechnung der Kosten für die Kaffeepausen haben dazu geführt, dass diese gestrichen wurden. Die Mitarbeitenden der Verwaltung haben gestreikt, das Projekt Kostenrechnung wird nicht weiterverfolgt) und überlegen Sie sich, wie der Unternehmenswert zu berechnen ist und welchen Kommentar Sie dazu abgeben.

Berechnen des Unternehmenswertes nach der Praktiker-Methode:

Netto-Substanzwert	16
Ertragswert 1: 10%	10
Ertragswert	10
Total	36
Unternehmenswert betrieblich (36 : 3)	**12**
Nicht betrieblicher Netto-Substanzwert	2
Total Netto-Unternehmenswert	**14**

Kommentar

Der betriebliche Substanzwert liegt mit 16 Millionen wesentlich über dem Ertragswert von 10 Millionen Es ist zu prüfen, ob die Berechnung des Substanzwertes korrekt erfolgte und alles als betriebsnotwendig zu betrachten ist. Der Zukunftsertrag mit 1 Million, bei einem Netto-Substanzwert von 16 Millionen, ist relativ tief. Es stellt sich die Frage, ob die Annahmen über die Zukunft zutreffen. Die Zahlen der Erfolgsrechnung sind mit den Kennzahlen der Branche zu vergleichen. Es ist abzuklären, ob bei einer allfälligen Liquidation des Unternehmens nicht ein höherer Wert als die 14 Millionen erzielt werden könnte.

Zusammenfassung

Die Praktiker-Methode ist einfach und verständlich. Die vorhandene (sichtbare) Substanz wird in die Berechnung einbezogen und gibt ein Gegengewicht zum Ertragswert, welcher auf unsicheren zukünftigen Gewinnen (Erwartungen, Schätzungen, Prognosen) basiert. Die Steuerverwaltung verwendet ebenfalls die Mittelwert-Methode bei der Berechnung des Aktienwertes. Aus der Gewichtung der betrieblich notwendigen Substanz und des betrieblich massgebenden Ertragswerts (Betriebsgewinn : Zinssatz) ergibt sich der betriebliche Unternehmenswert. Die nicht betriebliche Substanz wird dazuaddiert und der Gesamtunternehmenswert ermittelt.

> In der Finanzmarktforschung wird die Bewertung nach der Mittelwert-Methode infrage gestellt. Vermehrt werden daher die DCF- und EVA-Methoden eingesetzt.

4.6 Übergewinn-Methode / Goodwill-Rentendauer

Bei diesem Verfahren wird die Verbindung zwischen Ertrags- und Substanzwertbetrachtung offen dargelegt. Wenn der Gewinn über der erwarteten Verzinsung des Kapitals liegt («Normalertrag»), wird ein sogenannter Übergewinn erzielt. Für die Ermittlung des Unternehmenswerts wird der Barwert des Übergewinns zum Substanzwert dazugezählt.

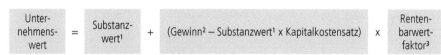

[1] je nach Methode Brutto- oder Netto-Substanzwert
[2] je nach Methode vor oder nach Zinsen
[3] je nach Methode Gesamtkapitalkostensatz oder Eigenkapitalkostensatz

Abbildung 11: Unternehmenswert

Mit den folgenden Zahlen kann dies verdeutlicht werden: Kapital/Substanzwert 2'000; Kapitalkostensatz 10%, budgetierter nachhaltiger Gewinn 240.

Budgetierter Gewinn	240
«Normalertrag» Kapital x Zins = 2'000 x 10%	−200
Übergewinn	**40**

Der Substanzwert plus der Barwert der Übergewinne ergibt den Unternehmenswert. Die Übergewinne können allenfalls nur während einer gewissen Zeitdauer (meist 5 bis 8 Jahre) erwirtschaftet werden. Wenn eine Nutzungsdauer von 5 Jahren angenommen wird, ergibt sich folgende Berechnung:

Substanzwert/Kapital	2'000
Barwert der Übergewinne Jahr 1–5 / Zinssatz 10% = 40 x 3'791	152
Unternehmenswert	**2'152**

4.6 Übergewinn-Methode / Goodwill-Rentendauer

Den Mehrwert von 152 nennt man Goodwill. Dieses Verfahren wird daher ebenfalls (statt Übergewinn-Methode) als Methode der begrenzten Goodwill-Rentendauer bezeichnet.

Wenn erwartet wird, dass der Übergewinn «ewig» anfällt, kann dieser kapitalisiert werden: Annahme, der Übergewinn von 40 wird vom Jahr 1 bis 100 erzielt:

Substanzwert/Kapital	2'000
+ Kapitalisierter Übergewinn = 40 : 10%	400
Unternehmenswert	**2'400**

Die Übergewinn-Methode nähert sich damit der Philosophie der EVA-Methode (siehe Kapital 4.9).

Das Übergewinn-Verfahren kann auf Basis des Brutto-Substanzwertes oder des Netto-Substanzwertes verwendet werden. Bei der Brutto-Methode werden der Reingewinn vor Zinsen und ein Gesamtkapitalkostensatz berücksichtigt. Bei der Netto-Methode werden der Reingewinn nach Zinsen und der Eigenkapitalkostensatz berücksichtigt.

> **Beispiel**
> Sie sind in einer Beratungsgesellschaft tätig, welche u.a. Unternehmensbewertungen durchführt. Sie erhalten den Auftrag, anhand der nachstehenden Daten den Unternehmenswert nach Brutto- und Netto-Methode des Übergewinn-Verfahrens zu ermitteln.
> - Netto-Substanzwert (betrieblich) .... 52'000
> - Zukünftiger «ewiger» nachhaltiger Reingewinn (nach Zinsen) .... 9'600
> - Zukünftiger «ewiger» nachhaltiger Reingewinn (vor Zinsen) .... 13'608
> - Eigenkapitalkostensatz 12%
> - Fremdkapital .... 88'000
> - Fremdkapitalzinsen .... 4'008
> - Zinssatz für das Gesamtkapital 8.1%
>
> Lehnen Sie sich zurück (schauen Sie, was der andere macht, ah, der macht etwas, er führt eine neue Software ein, nun kann er von zu Hause direkt den Server vom Büro benutzen. Sie können sich weiter zurücklehnen, denn die Viren auf dem Heimcomputer wurden auf den Büro-Server übertragen. Im Geschäft wurden alle PC lahmgelegt) und überlegen Sie sich, wie der Unternehmenswert zu berechnen ist.

Berechnen des Unternehmenswertes nach der Netto-Methode:

Reingewinn	9'600
− «Normalertrag» = 52'000 x 12%	−6'240
Übergewinn	**3'360**

Substanzwert netto	52'000
Barwert Übergewinn = 3'360 : 12%	28'000
Unternehmenswert netto	**80'000**

Berechnen des Unternehmenswertes nach der Brutto-Methode:

Reingewinn vor Zinsen	13'608
− «Normalertrag» = 140'000 x 8.1%	−11'340
Übergewinn	**2'268**

Substanzwert Brutto	140'000
Barwert Übergewinn = 2'268 : 8.1%	28'000
Unternehmenswert brutto	**168'000**
− Fremdkapital	−88'000
Unternehmenswert netto	**80'000**

Zusammenfassung

Die Übergewinn-Methode zeigt die Verbindung zwischen Substanzwert und Ertragswert. Mit der Berechnung des Übergewinnes kann abgeschätzt werden, ob mit dem zukünftig erwarteten Ertrag das Kapital verzinst werden kann oder ob der zukünftige Ertrag unter dem erwarteten «Normalertrag» liegt.

Sowohl die Berechnung des Unternehmenswertes auf Basis des Brutto-Substanzwertes (Gewinn vor Zinsen und Gesamtkapitalkostensatz) als auch auf Basis des Netto-Substanzwertes (Gewinn nach Zinsen und Eigenkapitalkostensatz) sollten theoretisch zum gleichen Resultat führen. In der Praxis wird der Einfachheit halber eher die Netto-Methode berücksichtigt.

4.7 Grundsätzliches zur DCF-Methode

Die DCF-Methode basiert auf den Grundsätzen der dynamischen Investitionsrechnung und gehört zu den modernen Bewertungsmethoden. Die Barwerte aller zukünftigen Free Cashflow ergeben den Unternehmenswert.

Bei der DCF-Methode werden die Free Cashflow für die nächsten Jahre einzeln geplant/budgetiert/prognostiziert und diskontiert. Im letzten Planungsjahr geht man meist davon aus, dass der berechnete Free Cashflow für die Zukunft gleich bleibt. D.h., es wird der sogenannte Residualwert berechnet. Er entspricht dem Barwert des nachhaltigen Free Cashflow ab dem letzten Planungsjahr bis «ewig». Die Berechnung des Residualwertes ist eine Annäherung an die Ertragswert-Methode, da auch dort ein zukünftiger Ertrag als ewige Rente kapitalisiert wird.

Der Anteil des Residualwertes am Brutto-Unternehmenswert zeigt folgende Grafik:

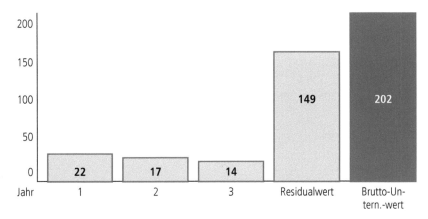

Abbildung 12: Auswirkungen Residualwert auf Unternehmenswert

In den Jahren 1 bis 3 werden die Barwerte der Free Cashflow einzeln berechnet. Der Residualwert entspricht dem Barwert des «ewigen Free Cashflow» vom 4. bis zum 100. Jahr. Alle Barwerte addiert ergeben den Brutto-Unternehmenswert.

Der Unternehmenswert wird auf der Basis künftiger Zahlungsströme (Free Cashflow) ermittelt. Basis für die Berechnung des Free Cashflows bilden die operativen Cashflows, zusätzlich werden die geplanten Zahlungen für Investitionen und die Veränderungen des Nettoumlaufvermögens (NUV/Working Capital) berücksichtigt. Für die geplanten/prognostizierten «Free Cashflow» wird der Barwert (wie bei der dynamischen Investitionsrechnung) berechnet.

4 Verfahren der Unternehmensbewertung

Der Anteil des Residualwertes im Verhältnis zum Gesamt-Unternehmenswert variiert zwischen 50 bis 80 Prozent, je nachdem, für wie viele Jahre die Barwerte der budgetierten Free Cashflow einzeln berechnet werden.

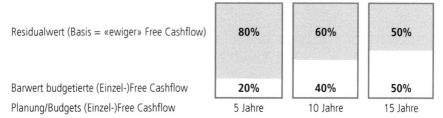

Residualwert (Basis = «ewiger» Free Cashflow)	80%	60%	50%
Barwert budgetierte (Einzel-)Free Cashflow	20%	40%	50%
Planung/Budgets (Einzel-)Free Cashflow	5 Jahre	10 Jahre	15 Jahre

Abbildung 13: Anteil Residualwert am Unternehmenswert

Ein marktgerechter Zinssatz kann anhand des theoretischen Kapitalmarktmodelles (Capital Asset Pricing Model = CAPM) bestimmt werden (Gesamtkapitalkostensatz = WACC, siehe Kapitel 3.2). Bei der DCF-Methode wird meist die Brutto-Methode angewendet = Entity-Approach, d.h., zuerst wird der Brutto-Unternehmenswert berechnet. Der Free Cashflow wird daher mit dem gewichteten Gesamtkapitalkostensatz diskontiert. Es ist ein Free Cashflow ohne Fremdkapitalzinsen zu berücksichtigen (d.h. vor Abzug von Fremdkapitalzinsen). In seltenen Fällen kann die Netto-Methode = Equity-Approach = Eigenkapitalwert/Netto-Unternehmenswert angewendet werden. Beim Equity-Approach sind die Fremdkapitalzinsen und die Veränderung des verzinslichen Fremdkapitals zu berücksichtigen. Das folgende Schema zeigt die Berechnung des Free Cashflows:

Ergebnis vor Zinsen und Steuern (= EBIT)
− Steuern (neu berechnet auf operativen Gewinn)*
Gewinn vor Zinsen nach Steuern (NOPAT)
+ Abschreibungen
+/− Bildung und Auflösung operativer langfristiger Rückstellungen
Brutto Cashflow (vor Zinsen)
−/+ Investitionen/Desinvestitionen Anlagevermögen
+/− Veränderung des operativen Nettoumlaufvermögens
Free Cashflow (vor Zinsen) = **Entity-Approach/Brutto-Methode**
− Fremdkapitalzinsen
−/+ Abnahme/Zunahme des operativen verzinslichen Fremdkapitals
Free Cashflow (nach Zinsen) = **Equity-Approach/Netto-Methode**

* Der Steuersatz wird in Prozent vom EBIT berechnet. Der Steuereffekt auf den Fremdkapitalzinsen wird meist bei der Ermittlung des Gesamtkapitalkostensatzes («WACC's») berücksichtigt.

Abbildung 14: Berechnung Free Cashflow

4.7 Grundsätzliches zur DCF-Methode

Die Berechnung des Unternehmenswertes nach der DCF-Methode erfolgt in folgenden Teilschritten:

- Das Unternehmen ist in betriebsnotwendige und nicht betriebsnotwendige Unternehmensbereiche aufzuteilen. Nicht betriebsnotwendige Unternehmensteile werden unter Beachtung von Steuerfolgen zu Liquidationswerten bewertet und ausgeschieden.

- Die zukünftige operative Unternehmensentwicklung ist zu budgetieren/prognostizieren. Hier ist gleich vorzugehen wie bei der Ermittlung des nachhaltigen Zukunftsgewinnes. Basis für die Budgets bilden die bereinigten Vergangenheitserfolgsrechnungen. Aufgrund der Analyse von allen wesentlichen internen und externen Faktoren ist die zukünftige Entwicklung für die betriebsnotwendigen Unternehmensbereiche zu planen/budgetieren/prognostizieren bzw. abzuschätzen.

- Es sind Teilpläne (Absatz-, Produktions-, Einkaufs-, Personal- und Investitionspläne) zu erstellen und zu Gesamtplänen wie Planbilanzen, Planerfolgsrechnungen und Planmittelflussrechnungen zusammenzufassen. Anhand dieser Basisunterlagen können die zukünftigen Free Cashflow für die nächsten Jahre geplant werden. Zu berücksichtigen sind die budgetierten betriebsnotwendigen Investitionen und Desinvestionen sowie die Veränderungen des operativen Nettoumlaufvermögens (siehe Abb. 14).

- Bestimmen des nachhaltigen «ewigen» Free Cashflow als Basis für die Berechnung des Residualwertes. Hier kann das gleiche Schema wie oben (siehe Abb. 14) verwendet werden. Es sind die gleichen Überlegungen und Analysen für die Zukunftsbeurteilung vorzunehmen wie bei der Ermittlung des nachhaltigen zukünftigen Ertrages. Der «ewige» Free Cashflow muss vorsichtig geschätzt/prognostiziert werden. Bei einer erwarteten nachhaltigen gleichmässigen Steigerung des Free Cashflows kann dies bei der Berechnung des Gesamtkapitalkostensatzes/WACC berücksichtigt werden.

- Für die Berechnung des Residualwertes kann der Gewinn vor Zinsen = NOPAT als Basis für die Berechnung des Residualwertes verwendet werden, da bei einem «ewigen» Unternehmen die zukünftigen Investitionen gleich hoch sind wie die zukünftigen Abschreibungen und sich das Nettoumlaufvermögen nicht verändert.

- Bestimmen des Kapitalkostensatzes/«WACC's» unter Berücksichtigung einer allenfalls erwarteten Steigerung des Free Cashflows beim Residualwert. Aus den Eigenkapital- und Fremdkapitalkosten wird ein risikogerechter/gewichteter Gesamtkapitalkostensatz ermittelt.

4 Verfahren der Unternehmensbewertung

Das folgende Schema zeigt die Berechnung des Unternehmenswertes:

Barwerte der einzelnen Free Cashflow
+ Residualwert (Barwert des «ewigen Free Cashflow»)
Brutto-Unternehmenswert/Entity-Approach
− Verzinsliche Finanzschulden (zu Marktwerten) am Bewertungsstichtag
− Barwert von langfristigen Rückstellungen
Betrieblicher Netto-Unternehmenswert
+ Nicht betriebsnotwendiges Vermögen inkl. dazugehörendes Fremdkapital
Gesamt-Unternehmenswert netto/gesamter Eigenkapitalwert

Abbildung 15: Berechnung des Unternehmenswertes

Die Barwerte der mit dem Gesamtkapitalkostensatz/WACC diskontierten Free Cashflow und des Residualwertes ergeben den Brutto-Unternehmenswert. Unter Abzug der verzinslichen Finanzschulden wird der betriebliche Netto-Unternehmenswert berechnet. Die nicht betrieblichen Vermögenswerte werden dazuaddiert = Gesamt-Unternehmenswert netto.

Beispiel

Sie sind Finanzchef der MONTANA AG, ein Fabrikationsunternehmen, das in der Metallverarbeitung tätig ist. Der Verwaltungsrat möchte die Firma BESTO AG übernehmen. Der Alleinaktionär der BESTO AG wäre bereit, sein Aktienpaket zu CHF 10 Millionen zu verkaufen. Sie erhalten den Auftrag, eine erste grobe Schätzung des Unternehmenswertes auf Basis der DCF-Methode vorzunehmen und diese zu kommentieren. Sie erhalten folgende Angaben:

- Operative Cashflows in CHF Tausend: Jahr 1 = 1'100; Jahr 2 = 1'200; Jahr 3 = 1'400; Jahr 4 = 1'500; ab dem Jahr 5 bis «ewig» = 1'600.
- Investitionen in CHF Tausend: Jahr 1 = 600; Jahr 2 = 1'400; Jahr 3 = 900 Jahr 4 = 1'100; ab dem Jahr 5 bis «ewig» = 1'000.
- Die Finanzschulden per Bewertungsstichtag belaufen sich auf CHF Tausend 4'000.
- Der Gesamtkapitalkostensatz/WACC beträgt 6%.

Lehnen Sie sich zurück (schauen Sie, was der andere macht, ah, er kaufte die Konkurrenzfirma XY. Er ging in seiner Vision davon aus, dass es ein «Schnäppchen» wäre. Sie können sich weiter zurücklehnen, die erhofften Synergien sind nicht eingetroffen, die Firma XY hat etliche Gerichtsklagen in den USA am Hals, das «Schnäppchen» wird zu happigen Verlusten führen) und überlegen Sie sich, wie Sie den Unternehmenswert nach der DCF-Methode ermitteln können.

4.7 Grundsätzliches zur DCF-Methode

Nehmen Sie sich dazu ein paar Minuten Zeit und notieren Sie die Ergebnisse auf einem Blatt Papier.

Berechnung Barwerte und Residualwert:

Jahre	1	2	3	4	5 ff.
Cashflow	1'100	1'200	1'400	1'500	1'600
Investitionen	−600	−1'400	−900	−1'100	−1'000
Free Cashflow	500	−200	500	400	600
Barwertfaktor 6%	0.943	0.890	0.840	0.792	
«Kapitalisierter Restwert» 6%					10'000
Faktor Ende Jahr 4					0.792
Barwert/Residualwert	**472**	**−178**	**420**	**317**	**7'920**

Beim Residualwert wird zuerst der Free Cashflow kapitalisiert = 600 : 6 x 100 = 10'000; dieser «Ertragswert/kapitalisierter Restwert» mal den Barwertfaktor des Vorjahres = 10'000 x 0.792 ergibt den Residualwert von 7'920, d.h., es wird der Barwert von Ende Jahr 5 bis Ende Jahr 100 berechnet.

Berechnung Unternehmenswert:

Barwerte Jahr 1–4	1'031
Residualwert	7'920
Brutto-Unternehmenswert	**8'951**
− Finanzschulden	−4'000
Netto-Unternehmenswert	**4'951**

Der Kaufpreis von CHF 10 Millionen für das Aktienpaket ist zu hoch, der Netto-Unternehmenswert beträgt lediglich CHF 5 Millionen.

Es sind zusätzliche Abklärungen zu treffen.

- Bestehen nicht betriebsnotwendige Vermögensteile, die zu berücksichtigen sind?
- Sind die Synergien höher, wenn das Unternehmen in der MONTANA AG integriert ist? Können zusätzliche Ausgaben/Kosten gespart werden und wird damit der Nutzen/Cashflow höher?
- Braucht es die vorgesehenen Investitionen im geplanten Umfang, um die künftigen Cashflows zu erreichen?

> **Zusammenfassung**
> Es wird der Barwert der inskünftig erwarteten Einnahmenüberschüsse = Free Cashflow ermittelt (analog Ansatz = dynamische Investitionsrechnung). Das Total aller Barwerte ergibt den Brutto-Unternehmenswert. Wie bei der Ertragswertberechnung müssen die zukünftigen Cashflows (inkl. «ewiger» Cashflow) budgetiert, prognostiziert und geschätzt werden. D.h., es sind Absatzpläne, Produktionspläne, Planerfolgsrechnungen usw. zu erstellen und die zukünftigen externen und internen Faktoren zu berücksichtigen. Cashflow abzüglich die zukünftig geplanten Investitionen und die Veränderungen des Nettoumlaufvermögens führt zum Free Cashflow.
> Der Residualwert ist der bestimmende Faktor bei der Höhe des Unternehmenswertes. Der ihm zugrunde gelegte «ewige» Free Cashflow muss sorgfältig ermittelt werden und sollte für die mittel- bis langfristige Zukunft des Unternehmens repräsentativ sein.
> Die Berechnung des Unternehmenswertes erfolgt in der Regel nach der Brutto-Methode, d.h., es wird vorerst ein Brutto-Unternehmenswert ermittelt. Deshalb sind die Free Cashflow ohne Fremdkapitalzinsen zu budgetieren und der anzuwendende Zinssatz für die Berechnung der Barwerte ist ein Gesamtkapitalkostensatz (und kein Eigenkapitalkostensatz).
> Um den betrieblichen Netto-Unternehmenswert (= Eigenkapital) zu ermitteln, sind per Bewertungsstichtag die Finanzschulden (zu Marktwerten) abzuziehen. Nicht betriebliche Vermögenswerte sind auszuscheiden und separat zum betrieblichen Unternehmenswert dazuzuzählen.

4.8 Details zur Berechnung des Free Cashflows

Für die Ermittlung des Free Cashflows sind Planerfolgsrechnungen, Planbilanzen, Finanzpläne und Investitionspläne zu erstellen. Damit kann beurteilt werden, ob die prognostizierten Zahlen realistisch sind. (Wenn in 5 Jahren die Bilanzsumme von 100 auf 1'000 zunimmt oder der Gewinn von 10 auf 100 erhöht wird = 10-mal mehr, sind die Gründe für dieses enorme Wachstum zu analysieren und abzuschätzen, ob eine solche Steigerung überhaupt plausibel ist.) Für die Berechnung des Free Cashflows sind u.a. folgende Faktoren zu berücksichtigen:

- Betriebsgewinn vor Zinsen und Steuern. Dieser entspricht dem verwendeten Begriff EBIT (= Earnings before Interest and Taxes)
- Steuern auf dem Betriebsgewinn/EBIT

4.8 Details zur Berechnung des Free Cashflows

- Abschreibungen und andere nicht liquiditätswirksame Aufwendungen und Erträge
- Veränderung Nettoumlaufvermögen
- Investitionen und Desinvestitionen in betriebliches Anlagevermögen.

Berechnung des betrieblichen Cashflows vor Zinsen

Die bereinigten Vergangenheitserfolgsrechnungen bilden die Basis für die Ermittlung der zukünftigen Betriebsgewinne. Die nicht betrieblichen Aufwendungen und Erträge sind auszuscheiden. Die gleichen Überlegungen, Faktoren und Indikatoren wie beim nachhaltigen Zukunftserfolg sind bei der Ermittlung der Cashflows anzuwenden. Da bei der DCF-Methode (in der Regel) die Brutto-Methode (= Gesamtkapital) angewendet wird, sind die Fremdkapitalzinsen nicht zu berücksichtigen (bzw. aufzurechnen).

Anhand der detaillierten Planerfolgsrechnung kann der operative Cashflow indirekt oder direkt (alle Erfolgspositionen aus betrieblicher Tätigkeit) berechnet werden:

	Reingewinn
+/−	Nicht betrieblicher Aufwand und Ertrag
+	Zinsen
+	Steuern
Betriebsgewinn vor Zinsen und Steuern (EBIT)	
−	Steuern (neu auf EBIT berechnet)
Gewinn vor Zinsen nach Steuern (NOPAT)	
+	Abschreibungen
+/−	Bildung und Auflösung operativer langfristiger Rückstellungen
Betrieblicher Cashflow vor Zinsen und nach Steuern	

Abbildung 16: Indirekte Berechnung betrieblicher Cashflow vor Zinsen

Direkte Berechnung des Cashflows:

	Umsatz
+	Finanzertrag betrieblicher Finanzanlagen
−	Materialaufwand
−	Personalaufwand
−	Übriger Betriebsaufwand
−	Steuern (auf Basis von EBIT)
Betrieblicher Cashflow vor Zinsen und nach Steuern	

Abbildung 17: Direkte Berechnung betrieblicher Cashflow vor Zinsen

Für die Berechnung des Free Cashflows wird vom betrieblichen Cashflow die Veränderung des operativen Nettoumlaufvermögens (und der Investitionen bzw. Desinvestitionen) berücksichtigt. Daher handelt es sich hier um einen Cashflow-Fonds Nettoumlaufvermögen.

Steuerlicher Einfluss der Fremdkapitalzinsen

Generell unbestritten ist, dass die Steuern (Gewinn- und Kapitalsteuern) Ausgaben sind und daher bei der Ermittlung des Free Cashflows zu berücksichtigen sind. Meist werden nur die Gewinnsteuern berücksichtigt. Diese können auf Basis der betriebswirtschaftlichen Gewinne oder auf den zukünftigen, steuerlich massgebenden Gewinnen berechnet werden. Der steuerliche Einfluss der Fremdkapitalzinsen (diese können in der Schweiz steuerlich geltend gemacht werden) kann direkt bei der Ermittlung des Gesamtkapitalkostensatzes berücksichtigt werden (siehe Kapitel 3.2). In diesem Fall werden die Steuern auf Basis EBIT berechnet. Falls im WACC (Fremdkapitalkostensatz) der Steuereffekt nicht berücksichtigt wird, ist der Gewinn vor Steuern die Basis für die Berechnung der Steuern. Weitere Ausführungen zur Berechnung der Steuern sind in Kapitel 2.1 enthalten.

Abschreibungen / nicht liquiditätswirksame Aufwendungen und Erträge

Zu berücksichtigen sind neben den Abschreibungen die übrigen «nicht liquiditätswirksamen Aufwendungen und Erträge». Es kann sich dabei um

- Veränderungen von Garantierückstellungen
- Veränderungen von Delkredere
- Veränderungen anderer Rückstellungen (Personalvorsorge, Eigenversicherungen, Steuerrückstellungen, Gewinnrückstellungen usw.)

handeln. Bei Garantierückstellungen sollten die zukünftig erwarteten «normalen» Ausgaben für Garantieleistungen beachtet werden. Die Veränderung des Delkredere wird meist nicht ermittelt, d.h. als nicht liquiditätswirksam behandelt.

Bei der Veränderung von anderen Rückstellungen ist abzuschätzen, ob und wann zukünftige Ausgaben anfallen. Bei zukünftigen geplanten Restrukturierungen ist u.a. festzustellen, wann die Sozialpläne zum Tragen kommen und wie viel die betroffenen Arbeitnehmer erhalten. Die Veränderung (Abnahme/Auszahlung) solcher Rückstellungen ist bei der Berechnung der Free Cashflow in den entsprechenden Jahren zu berücksichtigen.

4.8 Details zur Berechnung des Free Cashflows

Investitionen und Veränderungen des Nettoumlaufvermögens

Die Investitionen werden gemäss den Investitionsplänen berücksichtigt. Allfällig geplante Desinvestitionen sind ebenfalls einzubeziehen.

Das folgende Beispiel zeigt, wie anhand von Planbilanzen und Daten der Erfolgsrechnungen die Investitionen und die Veränderungen des Nettoumlaufvermögens ermittelt werden:

Bilanzen	Jahr 0 / Ist	Jahr 1	Jahr 2	Jahr 3	Jahr 4	Jahr 5
Aktiven						
Liquide Mittel	1'000	1'000	1'000	1'000	1'000	1'000
Forderungen aus LL	20'000	23'000	24'000	26'000	28'000	28'000
Vorräte	22'000	23'000	24'000	24'000	23'000	24'000
Immobilien	30'000	32'000	42'000	40'000	39'000	38'000
Maschinen	36'000	40'000	42'000	40'000	42'000	40'000
Total Aktiven	**109'000**	**119'000**	**133'000**	**131'000**	**133'000**	**131'000**
Passiven						
Verpflichtungen aus LL	28'000	29'000	30'000	31'000	33'000	32'000
Darlehen	28'000	35'000	47'000	44'000	42'000	39'000
Eigenkapital	53'000	55'000	56'000	56'000	58'000	60'000
Total Passiven	**109'000**	**119'000**	**133'000**	**131'000**	**133'000**	**131'000**

Keine Desinvestitionen

Auszug aus den Erfolgsrechnungen	Jahr 0	Jahr 1	Jahr 2	Jahr 3	Jahr 4	Jahr 5
Abschreibungen						
Maschinen		4'000	4'000	5'000	5'000	5'000	5'000

Berechnung der Investitionen Maschinen

Konto Maschinen	Jahr 0	Jahr 1	Jahr 2	Jahr 3	Jahr 4	Jahr 5
Anfangsbestand	?	36'000	40'000	42'000	40'000	42'000
– Abschreibungen	4'000	–4'000	–5'000	–5'000	–5'000	–5'000
Zwischentotal		32'000	35'000	37'000	35'000	37'000
Schlussbestand	36'000	–40'000	–42'000	–40'000	–42'000	–40'000
Investitionen	?	–8'000	–7'000	–3'000	–7'000	–3'000

4 Verfahren der Unternehmensbewertung

Berechnung Veränderung Nettoumlaufvermögen

Nettoumlaufvermögen	Jahr 0	Jahr 1	Jahr 2	Jahr 3	Jahr 4	Jahr 5
Flüssige Mittel	1'000	1'000	1'000	1'000	1'000	1'000
Forderungen aus LL	20'000	23'000	24'000	26'000	28'000	28'000
Vorräte	22'000	23'000	24'000	24'000	23'000	24'000
− Verpflichtungen aus LL	−28'000	−29'000	−30'000	−31'000	−33'000	−32'000
Nettoumlaufvermögen	**15'000**	**18'000**	**19'000**	**20'000**	**19'000**	**21'000**
− NUV Ende Vorjahr	?	15'000	18'000	19'000	20'000	19'000
+/− Veränderung NUV	?	+3'000	+1'000	+1'000	−1'000	+2'000

Eine Zunahme des Nettoumlaufvermögens ist wie eine zusätzliche Investition zu betrachten und somit bei der Berechnung des Free Cashflows als Ausgabe zu behandeln. Umgekehrt führt eine Abnahme des Nettoumlaufvermögens zu einer Erhöhung des Free Cashflows.

Für die Berechnung der Investitionen/Desinvestitionen und Veränderungen des Nettoumlaufvermögens können als Grundlage zukünftige Planbilanzen und Planerfolgsrechnungen sowie Mittelflussrechnungen verwendet werden. Die Experten müssen überlegen, ob die zukünftigen Investitionen realisierbar (und finanzierbar) sind und ob die Auswirkungen in den Planerfolgsrechnungen (u.a. allenfalls erhöhte Abschreibungen) richtig berücksichtigt wurden.

Im folgenden **Beispiel** sind die wesentlichen Faktoren gemäss Kapital 4.7 und 4.8 für die Berechnung des Unternehmenswertes nach der DCF-Methode zusammengefasst. Die Gesellschaft «Meier AG» arbeitet mit Gewinn. Es ist vorgesehen, die Aktien der Meier AG zu verkaufen. Sie werden beauftragt, den Unternehmenswert nach der DCF-Methode zu berechnen. Zuerst ist der Bruttounternehmenswert (Entity-Ansatz) und danach der Wert der Aktien per 31.12. xx0 zu ermitteln. Zahlen in CHF Tausend.

- Anlagevermögen per 31.12.xx0 .... 18'000
- Umlaufvermögen per 31.12.xx0 .... 12'000
- Verbindlichkeiten per 31.12.xx0 .... 18'000
  davon nicht verzinslich .... 6'000
- Steuern 20%
  im Steuersatz ist berücksichtigt, dass die Steuern abziehbar sind
- Steueradjustierter WACC 10%

4.8 Details zur Berechnung des Free Cashflows

Planzahlen für die Jahre 1 bis 3 und 4 ff. (Residualwert)

Jahre	1	2	3	4 ff.
Anlagevermögen 31.12.	17'400	18'600	19'800	19'800
Zunahme Umlaufvermögen	0	400	0	0
Abschreibungen	3'600	3'000	3'300	4'500
Cashflow vor Zinsen und Steuern (EBITDA)	6'000	6'600	7'200	7'800

Zuerst sind die Investitionen und die Steuern bzw. der Cashflow nach den Steuern zu ermitteln. Danach kann der Unternehmenswert berechnet werden.

Investitionen	0	1	2	3	4 ff.
Anfangsbestand	0	18'000	17'400	18'600	19'800
– Abschreibungen	0	–3'600	–3'000	–3'300	–4'500
Zwischentotal	0	14'400	14'400	15'300	15'300
– Endbestand	–18'000	–17'400	–18'600	–19'800	–19'800
= Investitionen		3'000	4'200	4'500	4'500

Cashflow nach Steuern	1	2	3	4 ff.
Cashflow	6'000	6'600	7'200	7'800
– Abschreibungen	–3'600	–3'000	–3'300	–4'500
EBIT	2'400	3'600	3'900	3'300
Steuern 20% auf EBIT (da steueradjustierter WACC)	–480	–720	–780	–660
Gewinn vor Zinsen nach Steuern = NOPAT	1'920	2'880	3'120	2'640
+ Abschreibungen	3'600	3'000	3'300	4'500
Cashflow nach Steuern	5'520	5'880	6'420	7'140

4 Verfahren der Unternehmensbewertung

Unternehmenswert nach DCF-Methode	0	1	2	3	4 ff.
Cashflow nach Steuern		5'520	5'880	6'420	7'140
− Investitionen		−3'000	−4'200	−4'500	−4'500
− Zunahme Umlaufvermögen		0	−400	0	0
Free Cashflow		2'520	1'280	1'920	2'640
Abzinsungsfaktor 10% (WACC)		0.909	0.826	0.751	0.751*
Barwert/Residualwert		2'291	1'057	1'442	19'826**
Total Barwerte inkl. Residualwert = Brutto-Unternehmenswert	24'616				
Verzinsliches Fremdkapital 31.12.xx0 ***	−12'000				
Nettounternehmenswert	12'616				

* Abzinsungsfaktor vom Vorjahr
** 2'640 / 10% mal Abzinsungsfaktor, d.h. 2'640 : 10% x 0.751=26'400 x 0.751=19'826
*** Es ist nur das verzinsliche Fremdkapital abzuziehen, um den Nettounternehmenswert
(= Wert der Aktien) zu ermitteln.

Zusammenfassung

Basis für die Berechnung des Free Cashflows sind die Zukunftsgewinne vor Zinsen. Die gleichen Berechnungen, Analysen und Überlegungen wie bei der Ermittlung des nachhaltigen Zukunftsertrages beim Ertragswert gelten bei der Schätzung/Planung der zukünftigen Free Cashflow.

Zu beachten ist u.a. Folgendes:

- Die zukünftigen Steuern können anhand der geplanten Erfolgsrechnungen oder separat in einer Parallelrechnung (Steuerplanerfolgsrechnungen) ermittelt werden. Der steuerliche Einfluss der Fremdkapitalzinsen kann direkt in der Planerfolgsrechnung oder im Fremdkapitalkostensatz (= WACC) berücksichtigt werden.

- Abschreibungen sind als nicht liquiditätswirksamer Aufwand zum Gewinn zu addieren.

- Andere nicht liquiditätswirksame Aufwendungen wie die Äufnung von Rückstellungen (Garantie, Personalvorsorge, Restrukturierung, Steuern usw.) führen vorerst zu keinem Liquiditätsabfluss. Bei der Auflösung von Rückstellungen ist zu beurteilen, ob es sich um Leistungen (Garantiezahlungen, Abgeltungen an Mitarbeitende im Rahmen von Sozialplänen usw.) handelt, welche die Liquidität beeinträchtigen und somit auch bei der Ermittlung des Free Cashflows zu berücksichtigen sind.

- Für die zukünftigen Veränderungen des Nettoumlaufvermögens = NUV und der Investitionen können Planbilanzen, Planerfolgsrechnungen, Investitionspläne und Finanzpläne die notwendigen Informationen liefern. Investitionen und Zunahme des NUV sind vom Cashflow abzuziehen, Desinvestitionen und Abnahme des NUV dazuzuzählen.

4.9 Grundsätzliches zur EVA-Methode

Die EVA-Methode gehört wie die DCF-Methode zu den modernen Bewertungsverfahren und basiert auf den Grundsätzen der dynamischen Investitionsrechnung. EVA bedeutet Economic Value Added = zusätzlicher Mehrwert. D.h., mit dem EVA-Konzept wird der «Shareholder Value»-Ansatz messbar. Wenn die Rendite des eingesetzten Kapitals über dem geforderten Zins bzw. der erwarteten Rendite liegt, wird ein Mehrwert erzielt; der Unternehmenswert wird erhöht. Mit EVA kann der Unternehmenswert ermittelt und die Leistungsfähigkeit der Geschäftsleitung pro Jahr beurteilt werden.

Bei gleichen Erwartungen/Budgets sollte der Unternehmenswert bei Anwendung der DCF- oder der EVA-Methode gleich sein. Analog der DCF-Methode wird bei der EVA-Methode zuerst der Brutto-Unternehmenswert berechnet = Entity Approach.

Die folgenden Ausführungen sollen den Begriff Mehrwert/EVA verdeutlichen: Ein Investor kann CHF 100 Millionen zu 4% risikolos anlegen oder das Unternehmen X für CHF 100 Millionen erwerben. Um einen Mehrwert zu erzielen, muss das Unternehmen einen Ertrag von mehr als 4% erreichen. Bei einem Reingewinn von CHF 4 Millionen wird kein Mehrwert geschaffen. Auch bei einer risikolosen Investition hätte man eine Rendite von 4% erzielt. Grafisch kann dies wie folgt dargestellt werden:

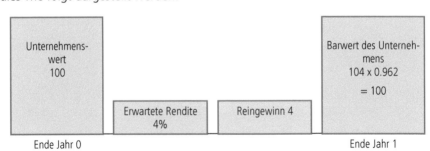

Abbildung 18: EVA-Methode ohne Mehrwert

4 Verfahren der Unternehmensbewertung

Nachweis: Ende Jahr = CHF 100 Millionen/Ende Jahr 1 = CHF 104 Millionen (Kapital plus Gewinn). Bei einem Barwertfaktor von 4% entsprechen die CHF 104 Millionen Ende Jahr 1 einem Barwert per Ende Jahr 0 von CHF 100 Millionen = 104 x 0.962 = 100. Es wurde kein Mehrwert erzielt.

Ein Investor, der CHF 100 Millionen in ein Unternehmen investiert, rechnet für die Risiken und Unsicherheiten mit einem Risikozuschlag von 4%. D.h., er erwartet eine Rendite von 8%, der Reingewinn beträgt CHF 14 Millionen. Grafisch kann dies wie folgt dargestellt werden:

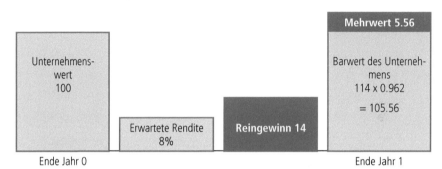

Abbildung 19: EVA-Methode mit Mehrwert

Damit wird der Unternehmenswert (unter Berücksichtigung des Barwertfaktors von 8%) auf CHF 105.56 Millionen erhöht. Nominell wird ein Mehrwert von CHF 6 Millionen ausgewiesen. Effektiv (bei einem Zinssatz von 8%) beträgt der Mehrwert CHF 5.56 Millionen (6 x 0.926 = 5.56).

Ein Mehrwert ergibt sich, wenn aus dem investierten Kapital/Vermögen ein Gewinn erzielt wird, der die Kapitalkosten zu Marktpreisen = WACC bzw. die erwartete Rendite übersteigt.

EVA (Economic Value Added) entspricht folgender Basisformel:

Abbildung 20: EVA (Economic Value Added)

NOPAT (Net Operating Profit After Taxes) = betrieblicher Gewinn, vor Zinsen, nach Steuern. Das Capital (NOA = Net Operating Assets) ist das investierte

4.9 Grundsätzliches zur EVA-Methode

Betriebskapital (betriebliches Nettovermögen), und c entspricht dem Gesamtkapitalkostensatz/WACC.

Um EVA bestimmen zu können, ist das betriebliche Gesamtvermögen abzüglich nicht verzinsliches kurzfristiges Fremdkapital/NOA = Net Operating Assets bzw. das investierte Betriebskapital zu berechnen.

Das folgende Schema zeigt die Berechnung von NOA:

Bilanzsumme
− Nicht betriebsnotwendiges Vermögen
Betriebliches Vermögen (zu Buchwerten)
+ Zu aktivierende betriebliche Aktiven/Equity Equivalents*
Betriebliches Vermögen zu betriebswirtschaftlichen Werten
− Nicht zinspflichtige kurzfristige Verbindlichkeiten
NOA Net Operating Assets/Investiertes Betriebskapital/«Betriebliches Nettovermögen»

* Unter dem Begriff «Equity Equivalents» werden die Bewertungskorrekturen des Vermögens zusammengefasst. Dazu gehören u.a. immaterielle (nicht bilanzierte) Anlagen, u.a. Forschungs- und Entwicklungskosten (siehe Kapitel 4.10).

Abbildung 21: Berechnung NOA

Auf diesem betrieblichen Nettovermögen wird die erwartete Rendite ermittelt (NOA mal Zinssatz) und vom betrieblichen Gewinn vor Zinsen/NOPAT abgezogen. Bei einem NOA von 200, einem WACC von 8% und einem NOPAT von 20 ergibt sich folgende Berechnung:

	Zinssatz / WACC	Zins	NOPAT
NOPAT			20
NOA = 200	8%	16	−16
EVA			**4**

Dieser Mehrwert entspricht dem kapitalisierten zukünftigen Nutzen, der über der «Normalverzinsung des Substanzwertes» liegt. Oder anders gesagt, die erwartete Rendite (NOA mal Zinssatz) wird vom betrieblichen Gewinn abgezogen, was übrig bleibt, wird als Economic Value Added = EVA/Mehrwert bezeichnet.

Da der Brutto-Unternehmenswert ermittelt wird, ist ein Gewinn ohne Fremdkapitalzinsen nach Steuern/NOPAT zu berücksichtigen.

Das folgende Schema zeigt die Berechnung von EVA:

Ergebnis vor Zinsen und Steuern (= EBIT)
+/− Veränderungen Equity Equivalents*
− Steuern
Gewinn vor Zinsen nach Steuern (NOPAT)
− Verzinsung NOA
EVA/Mehrwert pro Jahr

* Unter dem Begriff «Equity Equivalents» werden die Bewertungskorrekturen des Vermögens zusammengefasst. Dazu gehören u.a. immaterielle (nicht bilanzierte) Anlagen, u.a. Forschungs- und Entwicklungskosten (siehe Kapitel 4.10).

Abbildung 22: Berechnen EVA

Gleich wie bei der DCF-Methode wird der Barwert der Mehrwerte für die zukünftigen Jahre ermittelt. Am Ende der Planungsperiode wird ebenfalls ein Residualwert berechnet.

Meist wird auf dem betrieblichen Vermögen (NOA = Net Operating Assets) zu Beginn des Jahres (Ende Vorjahr) ein Zins berechnet. Die Verzinsung von NOA erfolgt zum Gesamtkapitalkostensatz/WACC *steueradjustiert*. Der Betriebsgewinn = NOPAT für die nächsten 3 bis 5 Jahre wird budgetiert. Für die Berechnung des Residualwertes wird ein nachhaltiger (ewiger) NOPAT ermittelt. NOPAT abzüglich Verzinsung NOA ergibt den Mehrwert = EVA pro Jahr. Für diesen Mehrwert wird der Barwert berechnet. Der Mehrwert/EVA wird mit dem Gesamtkapitalkostensatz/WACC diskontiert. Die Barwerte der zukünftigen EVA und der Residualwert ergeben zusammen den Market Value Added = MVA.

Beispiel

Sie sind Experte/Expertin beim Beratungsunternehmen MANTA AG. Ein Kunde möchte die Firma KISTAG kaufen. Sie werden beauftragt, anhand der folgenden Angaben den Unternehmenswert nach der EVA-Methode zu berechnen.

Lehnen Sie sich zurück (schauen Sie, was der andere macht, ah, er erstellt ein schönes Konzept für die sanfte Sanierung einer Pensionskasse. Sie können sich weiter zurücklehnen, er hat die Deckungslücke statisch berechnet und nicht erkannt, dass es sich um eine Leistungsprimatkasse handelt und die Deckungslücke bei dynamischer richtiger Betrachtung doppelt so hoch ist. Eine sanfte Sanierung bringt nichts) und überlegen Sie sich, wie der Unternehmenswert ermittelt werden kann. Nehmen Sie sich dazu ein paar Minuten Zeit und berechnen Sie den Wert nach der EVA-Methode.

4.9 Grundsätzliches zur EVA-Methode

- Gesamtkapitalkostensatz/WACC 10%
- Verzinsliches Fremdkapital, Marktwert per Bewertungsstichtag = Jahr 0 = 40'000

Plan-Bilanzen	Jahr 1	Jahr 2	Jahr 3	Plandaten für Residualwert
NOA zu Beginn des Jahres	80'000	90'000	100'000	100'000

Plan-Erfolgsrechnungen	Jahr 1	Jahr 2	Jahr 3	Jahr 4–100
NOPAT	10'000	12'000	14'000	14'000

Berechnung des Unternehmenswertes nach EVA

a) Berechnung der Zinsen auf NOA:

Planjahre	Jahr 1	Jahr 2	Jahr 3	Basis Residualwert
NOA zu Beginn des Jahres	80'000	90'000	100'000	100'000
Zins (Zinssatz 10%)	8'000	9'000	10'000	10'000

b) Berechnung des Mehrnutzens pro Jahr (= EVA) und der Barwerte von EVA:

Planjahre	Jahr 1	Jahr 2	Jahr 3	Residualwert	Total Barwerte
NOPAT	10'000	12'000	14'000	14'000	
− Zins a/NOA	−8'000	−9'000	−10'000	−10'000	
EVA/Mehrnutzen	**2'000**	**3'000**	**4'000**	**4'000**	
Kap. Restwert (4'000 : 10 x 100)				40'000	
Barwertfaktoren 10%	0.909	0.826	0.751	0.751	
Barwert EVA 10%	**1'818**	**2'478**	**3'004**	**30'040**	**37'340**

c) Berechnung des Unternehmenswertes:

NOA = betriebliches Gesamtvermögen (am Bewertungsstichtag)	80'000
Total Barwerte EVA (siehe oben) = Market Value Added (MVA)	37'340
Betrieblicher Brutto-Unternehmenswert	**117'340**
− Verzinsliches Fremdkapital (am Bewertungsstichtag)	−40'000
Betrieblicher Netto-Unternehmenswert	**77'340**

Im folgenden Beispiel sind die nochmals die wesentlichen Faktoren gemäss Kapital 4.9 für die Berechnung des Unternehmenswertes nach der EVA-Methode zusammengefasst (gleiche Ausgangsdaten wie beim Beispiel auf Seite 85, DCF-Methode).

Die Gesellschaft «Meier AG» arbeitet mit Gewinn. Es ist vorgesehen, die Aktien der Meier AG zu verkaufen. Sie werden beauftragt, den Unternehmenswert nach der DCF-Methode zu berechnen. Zuerst ist der Bruttounternehmenswert (Entity-Ansatz) und danach der Wert der Aktien per 31.12. xx0 zu ermitteln. Zahlen in CHF Tausend.

- Anlagevermögen per 31.12.xx0 .... 18'000
- Umlaufvermögen per 31.12.xx0 .... 2'000
- Verbindlichkeiten per 31.12.xx0 .... 18'000
    davon nicht verzinslich .... 6'000
- Steuern 20%
    im Steuersatz ist berücksichtigt, dass die Steuern abziehbar sind
- Steueradjustierter WACC 10.0%

Planzahlen für die Jahre xx1 bis xx3 und xx4 ff. (Residualwert)

Jahre	xx1	xx2	xx3	xx4 ff.
Anlagevermögen 31.12.	17'400	18'600	19'800	19'800
Zunahme Umlaufvermögen	0	400	0	0
Nicht verzinsliche Verbindlichkeiten 31.12.	6'000	6'000	6'000	6'000
Abschreibungen	3'600	3'000	3'300	4'500
Cashflow vor Zinsen und Steuern (EBITDA)	6'000	6'600	7'200	7'800

Zuerst ist NOA und dann sind die Zinsen auf NOA zu berechnen. Danach ist NOPAT zu ermitteln (siehe auch Seite 86). Nun können EVA und der Unternehmenswert berechnet werden.

4.9 Grundsätzliches zur EVA-Methode

Investitionen	xx0	xx1	xx2	xx3	xx4 ff.
Anlagevermögen	18'000	17'400	18'600	19'800	19'800
Umlaufvermögen	12'000	12'000	12'400	12'400	12'400
Zwischentotal	30'000	29'400	31'000	32'200	32'200
− Nicht verz. Verbindlichkeiten	−6'000	−6'000	−6'000	−6'000	−6'000
= NOA (oder IC)	24'000	23'400	25'000	26'200	26'200
10% (= WACC) Zins auf NOA (jeweils vom Vorjahr)	0	2'400	2'340	2'500	2'620

Cashflow nach Steuern	xx1	xx2	xx3	xx4 ff.
Cashflow	6'000	6'600	7'200	7'800
− Abschreibungen	−3'600	−3'000	−3'300	−4'500
EBIT	2'400	3'600	3'900	3'300
Steuern 20% auf EBIT (da steueradjustierter WACC)	−480	−720	−780	−660
Gewinn vor Zinsen nach Steuern = NOPAT	1'920	2'880	3'120	2'640

Unternehmenswert nach EVA-Methode	xx0	xx1	xx2	xx3	xx4 ff.
NOPAT		1'920	2'880	3'120	2'640
− Zins auf NOA		−2'400	−2'340	−2'500	−2'620
EVA		−480	540	620	20
Abzinsungsfaktor 10% (WACC)		0.909	0.826	0.751	0.751*
Barwert/Residualwert		−436	446	466	150**
NOA am 31.12.xx0	24'000				
Total Barwerte inkl. Residualwert	626				
Total = Bruttounternehmenswert	24'626				
Verzinsliches Fremdkapital 31.12.xx0 ***	−12'000				
Nettounternehmenswert	12'626				

* Abzinsungsfaktor vom Vorjahr
** 20 / 10% mal Abzinsungsfaktor, d.h. 20 : 10% x 0.751=200 x 0.751=150
*** Es ist nur das verzinsliche Fremdkapital per Bewertungsstichtag abzuziehen, damit der Nettounternehmenswert (= Wert der Aktien) berechnet werden kann.

4 Verfahren der Unternehmensbewertung

Sie sehen, das Ergebnis ist praktisch gleich (rund 12'600) wie bei der Berechnung des Unternehmenswertes nach der DCF-Methode auf Seite 87. D.h., bei gleichen Grunddaten sollte der Unternehmenswert nach der DCF-Methode und der EVA-Methode gleich hoch sein.

«Spread»

Spread ist die Differenz zwischen den Kapitalkosten/WACC und der effektiv erzielten Rendite auf NOA, d.h. Return on Invested Capital = ROIC. Für die Berechnung von ROIC wird die Rendite von NOPAT im Verhältnis zu NOA berechnet. Die nachfolgende Darstellung zeigt dies anhand von Zahlen:

Planjahre	Jahr 1	Jahr 2	Jahr 3	Basis Residualwert
NOA zu Beginn des Jahres	80'000	90'000	100'000	100'000
NOPAT	10'000	12'000	14'000	14'000
ROIC (Return on Invested Capital)	12.50%	13.33%	14.00%	14.00%
Kapitalkosten/WACC	10.00%	10.00%	10.00%	10.00%
Spread = ROIC – WACC	2.50%	3.33%	4.00%	4.00%

Zusammenfassung

Zuerst wird NOA = (Betriebsvermögen – kurzfristiges nicht verzinsliches Fremdkapital) ermittelt. Aus der Verzinsung von NOA mit dem Gesamtkapitalkostensatz/WACC ergibt sich die von den Investoren erwartete/geforderte Rendite auf dem investierten Betriebskapital. Ist NOPAT grösser als der Zins auf NOA, entsteht ein positiver Mehrwert = EVA. Bei der Bestimmung/Prognose des «ewigen» NOPAT gelten die gleichen Überlegungen wie beim nachhaltigen Ertrag, er muss sorgfältig budgetiert bzw. geschätzt werden.

Wie bei der DCF-Methode werden die Barwerte der inskünftig erwarteten Mehrwerte/EVA berechnet (analog Ansatz = dynamische Investitionsrechnung). Das Total aller Barwerte inkl. Residualwert ergibt den Market Value Added (MVA). Aus der Addition von MVA und NOA per Bewertungsstichtag resultiert der Brutto-Unternehmenswert.

Die Berechnung des Unternehmenswertes erfolgt meist nach der Brutto-Methode, d.h., es wird vorerst ein Brutto-Unternehmenswert ermittelt. Deshalb sind die Betriebsgewinne ohne Fremdkapitalzinsen zu budgetieren, und der anzuwendende Zinssatz für die Berechnung der Barwerte ist ein Gesamtkapitalkostensatz (und kein Eigenkapitalkostensatz).

> Um den betrieblichen Netto-Unternehmenswert (= Eigenkapital) zu erhalten, sind per Bewertungsstichtag die Finanzschulden (zu Marktwerten) vom Brutto-Unternehmenswert abzuziehen.
>
> Nicht betriebliche Vermögenswerte sind auszuscheiden und separat zum betrieblichen Unternehmenswert zu zählen.
>
> EVA- und DCF-Methode sollten bei gleichen Planungsdaten zum selben Unternehmenswert führen.

4.10 Equity Equivalents und Conversions

Conversions bzw. Equity Equivalents sind Ergänzungen zu den Bilanzen und Erfolgsrechnungen. Forschungs- und Entwicklungskosten werden meist als Aufwand verbucht. Im weiteren Sinne sind es aber Investitionen in die Zukunft, die wie Investitionen in Anlagen zu behandeln sind. Dasselbe gilt für den Aufbau von Vertriebsorganisationen und Marketingmassnahmen. Die Conversions lassen sich in drei Hauptgruppen aufteilen:

- Operating Conversions: Alle nicht betrieblichen Vermögenswerte und die dazugehörenden Aufwendungen und Erträge werden aus den Bilanzen (= NOA) und den Erfolgsrechnungen (= NOPAT) eliminiert. Wie bei den anderen Bewertungsverfahren werden die nicht betrieblichen Vermögenswerte und Verpflichtungen separat behandelt und in der Regel zu Veräusserungswerten bewertet.

- Shareholder Conversions: Nicht aktivierte immaterielle Vermögenswerte wie Aufwendungen für Forschungs- und Entwicklungsprojekte, Marketingprojekte usw. mit Investitionscharakter (in Zukunft wird aus den Investitionen in diese Projekte ein Nutzen erwartet) werden als Equity Equivalents erfasst, in einer Nebenrechnung aktiviert und über die Nutzungsdauer abgeschrieben. NOA und NOPAT werden angepasst.

- Funding Conversions: Leasing-Verträge werden als Verpflichtung/Fremdkapital in der Bilanz erfasst, die Aufwendungen für Leasing werden in Amortisation und Zinsaufwand aufgeteilt.

Die folgenden Ausführungen und Zahlen sollen die Auswirkungen von Equity Equivalents auf NOA und NOPAT aufzeigen.

4 Verfahren der Unternehmensbewertung

Ausgangsbasis ohne Aktivierung von Forschungs- und Entwicklungskosten:

Plan-Bilanz	Jahr 0	Jahr 1	Jahr 2	Jahr 3	Jahr 4	Jahr 5–100
NOA	150	150	160	170	210	210

Plan-Erfolgsrechnung	Jahr 1	Jahr 2	Jahr 3	Jahr 4	Jahr 5–100
NOPAT	24	18	29	25	210

Die Aufwendungen für Forschungsprojekte sind als Aufwand im NOPAT berücksichtigt.

Aktivierbare Forschungs- und Entwicklungskosten	Jahr 0	Jahr 1	Jahr 2	Jahr 3	Jahr 4	Jahr 5–100 Residualwert
Aufwand F & E	0	12	12	9	9	9

Die Forschungs- und Entwicklungskosten sind in einer Nebenrechnung zu aktivieren und abzuschreiben. Der Restwert/Bestand ist bei NOA zu berücksichtigen, die Veränderungen sind bei NOPAT zu beachten. Es wird davon ausgegangen, dass die Forschungs- und Entwicklungskosten jeweils eine Nutzungsdauer von 3 Jahren haben.

Aktivierbare Forschungs- und Entwicklungskosten	Jahr 0	Jahr 1	Jahr 2	Jahr 3	Jahr 4	Jahr 5–100 Residualwert
Anfangsbestand	0	0	8	12	10	9
Forschungs- und Entwicklungskosten	0	12	12	9	9	9
Endbestand vor Abschreibungen	0	12	20	21	19	18
Abschreibung Jahr 1 Nutzungsdauer 3 Jahre		–4	–4	–4		
Abschreibung Jahr 2 Nutzungsdauer 3 Jahre			–4	–4	–4	
Abschreibung Jahr 3 Nutzungsdauer 3 Jahre				–3	–3	–3
Abschreibung Jahr 4 Nutzungsdauer 3 Jahre					–3	–3
Abschreibung Jahr 5						–3

4.10 Equity Equivalents und Conversions

Nutzungsdauer 3 Jahre						
Endbestand nach Abschreibung/NOA	0	8	12	10	9	9
Veränderung zum Vorjahr/NOPAT		8	4	−2	−1	0

Auswirkungen auf NOA:

Plan-Bilanz	Jahr 0	Jahr 1	Jahr 2	Jahr 3	Jahr 4	Jahr 5–100 Residualwert
NOA «alt»	150	150	160	170	210	210
Forschungs- und Entwicklungskosten	0	8	12	10	9	9
NOA neu/nach Aktivierung F & E	150	158	172	180	219	219

Auswirkungen auf NOPAT:

Plan-Erfolgsrechnung	Jahr 1	Jahr 2	Jahr 3	Jahr 4	Jahr 5–100 Basis Residualwert
NOPAT «alt»	24	24	18	29	25
Änderung Bestand F & E-Kosten	8	4	−2	−1	0
NOA neu/nach Aktivierung F & E	32	28	16	28	25

Steuerliche Auswirkungen sind nicht zu beachten, da die Forschungs- und Entwicklungskosten steuerlich abziehbar sind, der steuerbare Erfolg wird nicht verändert.

> **Zusammenfassung**
>
> Bei der Ermittlung des Unternehmenswertes nach der EVA-Methode sind allenfalls sogenannte Equity Equivalents zu berücksichtigen. Ausgaben für Forschungs- und Entwicklungsprojekte, die in der Buchhaltung als Aufwand erfasst werden, sind im Sinne von «Zukunftsinvestitionen» in einer Nebenrechnung zu aktivieren und über die geplante Nutzungsdauer abzuschreiben.
>
> Das EVA-Konzept kann sowohl für die Unternehmensbewertung als auch für die wertorientierte Unternehmensführung eingesetzt werden. Im Rahmen der Wertgenerierung ist den Conversions/Equity Equivalents besondere Beachtung zu schenken, da die Auswirkungen bei kürzeren Perioden, z.B. ein Jahr, wesentlich sein können.

5 Denksportaufgaben

> Die Denksportaufgaben sind nach dem Aufbau des Theorieteils geordnet. Zu Kapitel 2 (Steuern) sind keine Aufgaben vorhanden. Die latenten Steuern werden bei den Aufgaben Substanzwert und Praktiker-Methode berücksichtigt. Die Steuern im Fremdkapitalkostensatz werden bei der Bestimmung des WACC behandelt.
>
> Mit den vorbereiteten Tabellen können die Aufgaben strukturiert gelöst werden. Selbstverständlich sind andere Lösungswege ebenfalls möglich, wichtig ist, dass die Ergebnisse mit dem Lösungsvorschlag übereinstimmen.
>
> Wo nichts anderes vermerkt ist, werden Kurzzahlen verwendet. Dabei verstehen sich die Beträge in CHF 1'000.

✓ **Die Lösungen finden Sie unter veb.ch sowie ofv.ch.**

5.1 Grundlagen der Unternehmensbewertung

5.1.1 Synergieeffekt / Abweichung Kaufpreis und Unternehmenswert / IPO

Frage 1

Was können Sie sich bei der Fusion von zwei Unternehmen unter einem Synergieeffekt vorstellen?

Frage 2

Warum können zwischen dem berechneten Unternehmenswert und dem bezahlten Kaufpreis Abweichungen entstehen?

Frage 3

Sie sind Finanzchef bei einer grösseren Aktiengesellschaft. Im Laufe der Jahre hat sich das Unternehmen positiv entwickelt. Das rasche Wachstum des Unternehmens bedingt zusätzliche Investitionen, und damit ist ein entsprechender Finanzbedarf vorhanden. Der Verwaltungsrat und die Unternehmensleitung haben beschlossen, ein IPO (Initial Public Offering bzw. Going Public) durchzuführen, d.h., die Aktien sollen dem Publikum zugänglich gemacht werden. Damit verbunden ist eine Aktienkapitalerhöhung im Nominalwert von 10 Millionen. Welche Schritte leiten Sie ein, damit das IPO erfolgreich abgewickelt werden kann?

5.1.2 Gründe für Kauf / Verkauf eines Unternehmens / Management-Buy-out

Frage 1

Nennen Sie je drei Gründe für den Kauf bzw. Verkauf eines Unternehmens oder eines Unternehmensteils.

Frage 2

Spielt es eine Rolle, ob bei einem Management-Buy-out der Auftrag für ein Bewertungsgutachten vom bisherigen Hauptaktionär oder von der Geschäftsleitung (welche das Unternehmen übernehmen will) an die Beratungsgesellschaft erteilt wird?

Begründen Sie Ihre Antwort.

Frage 3

Mit welchen Massnahmen kann ein «fairer» Kauf- oder Verkaufspreis bei einem Management-Buy-out angestrebt werden?

5.1.3 Unterlagen für Unternehmensbewertung / externe Faktoren

Frage 1

Welche Unterlagen würden Sie als externer Berater von der Geschäftsleitung/ vom Finanzchef verlangen, um eine Unternehmensbewertung innert nützlicher Frist durchführen zu können? Nennen Sie mindestens fünf.

Frage 2

Welche weiteren (externen) Faktoren sind zu beachten? Nennen Sie mindestens fünf.

5.1.4 Daten und Informationen beim Kauf einer Liegenschaft / Wertbegriffe

Frage 1

Welche Daten würden Sie noch beschaffen, wenn Ihnen eine Liegenschaft zum Preis von CHF 28 Mio. angeboten wird?

a) Generelle Daten zum Liegenschaftsmarkt?
b) Bieten andere Anlagemöglichkeiten bessere Renditen?
c) Daten zur Liegenschaft?

Frage 2

Nennen Sie ein paar Wertbegriffe, welche im Rahmen einer Unternehmensbewertung vorkommen könnten.

5.1.5 Risiken bei Absatzplanung
Frage

Der Verkaufschef hat einen Absatzplan erstellt. Der Finanzchef ist (aufgrund seiner bisherigen Erfahrungen) vorsichtiger geworden. Der Verkaufschef hat bis anhin immer sehr optimistische Prognosen/Absatzpläne erstellt, die Ist-Werte lagen meist darunter. Der Finanzchef gibt Ihnen den Auftrag, sich Gedanken über die Risiken dieser Absatzplanung zu machen. An der heutigen Geschäftsleitungssitzung werden Sie darüber referieren.

5.2 Zinssatz / Kapitalkostensatz / WACC

5.2.1 Bestimmen des WACC / Kapitalkostensatzes
Frage 1

Berechnen Sie aufgrund von folgenden Angaben den WACC.

Das zukünftige Finanzierungsverhältnis ist mit 40% Fremdkapital und 60% Eigenkapital budgetiert. Der durchschnittliche zukünftige Kostensatz für das Fremdkapital beträgt 5%. Es wird mit einem Steuersatz von 20% gerechnet. Die langjährige Rendite von Bundesobligationen liegt bei 4%. Die Marktrisikoprämie wird auf 5% geschätzt. Der Beta-Faktor beträgt 1.1.

Fremdkapitalkostensatz:

Zinssatz FK	minus Steuersatz	Kostensatz FK nach Steuern

Eigenkapitalkostensatz:

Marktrisikoprämie	mal Beta-Faktor	Zwischentotal	plus Zins risikolose Anlage	Kostensatz EK

5.2 Zinssatz / Kapitalkostensatz / WACC

FK- und EK-Satz gewichten:

Zinssatz FK	mal Anteil FK	gewichteter Kostensatz FK

Zinssatz EK	mal Anteil EK	gewichteter Kostensatz EK

gewichteter Kostensatz FK	gewichteter Kostensatz EK	Gesamtkapitalkostensatz / WACC

Frage 2
Welche der folgenden Aussagen ist korrekt?

Richtig

- Der WACC entspricht dem Marktzinsfuss. ☐
- Die Wahl (Höhe) des Zinssatzes hat bei fast allen Methoden der Unternehmensbewertung einen entscheidenden Einfluss auf den berechneten Unternehmenswert. ☐
- Der Gesamtkapitalkostensatz wird bei der Netto-Methode angewendet. ☐
- Der Gesamtkapitalkostensatz setzt sich aus der Gewichtung (nach Finanzierungsstruktur) von Fremdkapital- und Eigenkapitalkostensatz zusammen. ☐
- Der Gesamtkapitalkostensatz ist höher als der Eigenkapitalkostensatz. ☐

Frage 3

Unternehmen A und B weisen folgende Strukturen auf der Passivseite auf:

Passiven	Firma A	%	Firma B	%
Verpflichtungen aus LL	1'800	20	1'800	20
Bankdarlehen	5'400	60	1'800	20
Hypotheken	900	10	1'800	20
Eigenkapital	900	10	3'600	40
Total/Bilanzsumme	**9'000**	**100**	**9'000**	**100**

Berechnen Sie für beide Firmen den WACC (angelsächsische Betrachtungsweise = nur verzinsliches Fremdkapital und Eigenkapital berücksichtigen) aufgrund von folgenden Angaben:

Der durchschnittliche zukünftige Kostensatz für das Fremdkapital beträgt 5.2%. Es wird mit einem Steuersatz von 25% gerechnet. Die langjährige Rendite von Bundesobligationen liegt bei 4.5%. Die Marktrisikoprämie wird auf 4% geschätzt. Der Beta-Faktor beträgt 1.2.

5.3 Verfahren der Unternehmensbewertung «statisch»

5.3.1 Substanzwert
Frage 1

Welche der folgenden Aussagen ist korrekt?

Richtig

- Der betriebliche Substanzwert wird bei Anwendung der Praktiker-Methode eingesetzt. ☐
- Die nicht betriebliche Substanz wird bei der Unternehmensbewertung mit betriebswirtschaftlichen Fortführungswerten eingesetzt. ☐

5.3 Verfahren der Unternehmensbewertung «statisch»

Frage 2

Die Unternehmen A und B sind etwa im gleichen Markt tätig und etwa gleich gross (Bilanzsumme, ausgewiesenes Eigenkapital, Umsatz etc.). A erstellt den Abschluss nach den Vorschriften des Aktienrechtes. In den betrieblichen Liegenschaften sind noch wesentliche stille Reserven vorhanden. B erstellt den Abschluss ebenfalls nach den Vorschriften des Aktienrechts. In den betrieblichen Liegenschaften sind keine wesentlichen stillen Reserven enthalten.

a) Berechnen Sie für beide Firmen die zukünftigen Abschreibungen auf den betrieblichen Liegenschaften. Die Nutzungsdauer beträgt bei beiden Unternehmen 50 Jahre.

	Firma A	Firma B
Betriebliche Liegenschaften, Buchwert	2'800	2'800
Stille Reserven	1'200	0
Effektiver betriebswirtschaftlicher Wert	**4'000**	**2'800**
Zukünftige Abschreibungen pro Jahr		

b) Welchen Einfluss haben stille Reserven bei der Ermittlung des Unternehmenswertes bzw. welche Faktoren sind zu beachten?

5.3.2 Grundsätze bei der Ermittlung des Substanzwertes

Frage 1

Nennen Sie drei Grundsätze für die Ermittlung des Substanzwertes.

Frage 2

Nennen Sie ein Beispiel, bei welchem der aktienrechtliche Höchstwert einer Bilanzposition tiefer ist als der betriebswirtschaftliche Wert.

Frage 3

Sie haben folgende Angaben über den Wert von betriebsnotwendigen Wertschriften (Bundesobligationen):

- Kaufpreis vor 3 Jahren .... 4'100
- Buchwert .... 2'500
- Kurswert am Bewertungsstichtag .... 4'200
- Nominalwert .... 4'000

Mit welchem Wert berücksichtigen Sie diese Wertschriften bei der Ermittlung des Substanzwertes?

Frage 4

Berechnen Sie den Substanzwert des Handelsunternehmens, der Firma INDUNI AG, aufgrund von folgenden Angaben:

Die Bilanz vom letzten Jahr zeigt folgendes Bild:

Aktiven		Passiven	
Liquide Mittel	800	Verpflichtungen aus LL	2'400
Forderungen aus LL	2'600	Bank Kontokorrent	2'000
Warenvorräte	3'800	Hypothek Wohnhaus	1'600
Mobilien	2'200	Aktienkapital	4'000
Wohnhaus	2'000	Offene Reserven	1'400
Total Aktiven	**11'400**	**Total Passiven**	**11'400**

Aufgrund von Analysen wurden folgende betriebswirtschaftlichen Werte ermittelt:

- Forderungen aus LL (Debitoren) 2'800, Warenvorräte 5'800, Mobilien 3'000, Wohnhaus 2'800 (das Wohnhaus ist nicht betriebsnotwendig).
- Die Rückstellung für latente Steuern kann pauschal berechnet werden. Der Steuersatz beträgt 20% (darin ist bereits berücksichtigt, dass die Steuern abzugsfähig sind).

Nicht betriebsnot-wendiges Vermögen	Buchwert	Marktwert vor Steuern	Stille unverst. Reserven	Rückst. Steuern	Marktwert nach Steuern
Wohnhaus	2'000				
– Hypothek	–1'600				
Netto-SW nicht betr. Vermögen	**400**				

5.3 Verfahren der Unternehmensbewertung «statisch»

Betriebsnotwendiges Vermögen	Buchwert	Substanzwert vor Steuern	Stille Reserven	Rückst. Steuern	Substanzwert nach Steuern
Liquide Mittel	800				
Forderungen aus LL	2'600				
Warenvorräte	3'800				
Mobilien	2'200				
Brutto-Substanz betrieblich	**9'400**				
Verpflichtungen aus LL	–2'400				
Bank Kontokorrent	–2'000				
Rückstellung latente Steuern	0				
Betriebliche Netto-Substanz	**5'000**				

Netto-Substanzwert des betrieblichen Vermögens	
Netto-Substanzwert des nicht betrieblichen Vermögens	
Total Substanzwert netto	

5.3.3 Ertragswert

Frage 1

Berechnen Sie aufgrund von folgenden Angaben den Ertragswert:

a) Zukunftsgewinn 200 / Zinssatz 10%

b) Zukunftsgewinn 200 (vor Risikoabzug), Risikoabzug 30% vom Zukunftsgewinn / Zinssatz in %?

Frage 2

Welche der folgenden Aussagen sind korrekt?

Richtig

- Bei Anwendung eines tieferen Zinssatzes wird der Unternehmenswert höher. ☐

- Die Branchenrisiken werden im Fremdkapitalkostensatz berücksichtigt. ☐

- Das Risiko kann in einem Risikoabzug vom Zukunftsgewinn ☐
berücksichtigt werden.
- Bei einem Unternehmen, das 80% der Bilanzsumme im Anlage- ☐
vermögen (vorwiegend Maschinen) investiert, ist das Risiko höher
als bei einem Unternehmen, welches 50% der Bilanzsumme im
Anlagevermögen (vorwiegend Maschinen) investiert hat.

Frage 3

Unternehmen A und B weisen folgende Strukturen auf der Passivseite aus:

Passiven	Firma A	%	Firma B	%
Verpflichtungen aus LL	6'000	20	1'800	20
Bankdarlehen	18'000	60	1'800	20
Hypothek	3'000	10	1'800	20
Rückstellungen	300	1	900	10
Eigenkapital	2'700	9	2'700	30
Total/Bilanzsumme	**30'000**	**100**	**9'000**	**100**

a) Welche Gesellschaft würden Sie eher kaufen, wenn der Kaufpreis und die Ertragserwartungen für beide Gesellschaften gleich hoch wären?

b) Hat die unterschiedliche Finanzierungsstruktur einen Einfluss auf den Eigenkapitalkostensatz? Wenn ja, welchen?

5.3.4 Praktiker-Methode
Frage

Berechnen Sie den Unternehmenswert nach der Praktiker-Methode.

- Betrieblicher Brutto-Substanzwert .... 6'000
- Fremdkapital ....–4'000
- Nachhaltiger Zukunftsgewinn vor FK-Zinsen 480
- Budgetierte zukünftige Fremdkapitalzinsen... 280
- Nachhaltiger Zukunftsgewinn nach FK-Zinsen....................................... 200
- Zinssatz für Ertragswertberechnung (Netto-Methode) 8%

5.3 Verfahren der Unternehmensbewertung «statisch»

Achtung:
- Bei Netto-Methode, Basis: Reingewinn nach Zinsen.
- Bei der Brutto-Methode, Basis: Reingewinn vor Zinsen.

a) Netto-Methode
b) Brutto-Methode

Setzen Sie die einzelnen Informationen ein (beginnen Sie unten beim Unternehmenswert netto, analog der Netto-Methode). Nun können Sie den Bruttounternehmenswert berechnen.

Ertragswert brutto		
Ertragswert brutto		
Substanzwert brutto		
Unternehmenswert brutto	…… : 3 =	
– Fremdkapital		–4'000
Unternehmenswert netto		

c) Berechnen Sie den Gesamtkapitalkostensatz (d.h. den Zinssatz, der bei der Brutto-Methode zum Gesamtkapital = Bruttounternehmenswert führt).

5.3.5 Gesamtaufgabe Substanzwert / Ertragswert / Praktiker-Methode

Frage 1

Wie ermitteln Sie den betriebswirtschaftlich angemessenen Betrag der zukünftigen Abschreibungen auf den Sachanlagen?

Frage 2

Berechnen Sie anhand der folgenden Angaben, Bilanzen und Erfolgsrechnungen den Unternehmenswert nach der Praktiker-Methode (1 x Substanzwert plus 2 x Ertragswert : 3) auf Anfang Jahr 4; Zinssatz für Berechnung Ertragswert 10% (Netto-Ertragswert).

1. Angaben zu den Bilanzen Jahr 1–3:
    - Die ausgewiesenen Zahlen sind Buchwerte.
    - Bei den Vorräten wurde jeweils die steuerlich mögliche Reservebildung von 1/3 vorgenommen.

- Der Reproduktionskostenwert der Sachanlagen beträgt per Ende Jahr 3 = 40'000, geschätzte Restnutzungsdauer 10 Jahre.
- Alle Vermögenswerte sind betrieblich notwendig.
- Es ist keine Rückstellung für latente Steuern auf unversteuerten stillen Reserven zu berechnen.

2. Angaben zur Erfolgsrechnung:
   - Die ausgewiesenen Zahlen sind Buchwerte.
   - Bereinigen Sie die Erfolgsrechnungen der Jahre 2–3. Für die Berechnung des massgebenden Zukunftserfolges kann als Basis der Durchschnitt der bereinigten Rohergebnisse der Jahre 2 und 3 verwendet werden.
   - In den Erfolgsrechnungen wurden Bezüge des Hauptaktionärs/Geschäftsführers (Gehalt, Geschäftsauto, Vorsorgeversicherungen, private Reisen und Essen) mit 500 belastet. Die Aufwendungen eines externen Geschäftsführers würden pro Jahr rund 300 betragen.
   - Die zukünftigen Fremdkapitalzinsen werden auf 600 pro Jahr geschätzt.
   - Im Steuersatz von 20% ist bereits berücksichtigt, dass die Steuern abzugsfähig sind.

Bilanzen	Jahr 1	Jahr 2	Jahr 3
Aktiven			
Liquide Mittel	900	2'700	2'400
Forderungen aus LL	11'000	14'000	16'000
Vorräte	22'000	18'000	16'000
Sachanlagen	36'000	34'000	30'000
Total Aktiven	**69'900**	**68'700**	**64'400**
Passiven			
Verpflichtungen aus LL	6'900	5'700	4'400
Darlehen	18'000	16'000	12'000
Eigenkapital	45'000	47'000	48'000
Total Passiven	**69'900**	**68'700**	**64'400**

5.3 Verfahren der Unternehmensbewertung «statisch»

Erfolgsrechnung	Jahr 2	Jahr 3
Umsatz	50'000	52'000
– Warenaufwand	–19'000	–20'000
– Personalkosten	–10'000	–12'000
– Abschreibungen	–6'000	–5'000
– Raumkosten	–4'000	–4'000
– Fremdkapital-Zinsen	–1'000	–800
– Steuern	–2'000	–2'000
– Übriger Aufwand	–1'800	–1'200
Reingewinn	**6'200**	**7'000**

a) Setzen Sie die fehlenden Zahlen in die folgende Tabelle ein:

Warenvorräte	Jahr 1	Jahr 2	Jahr 3
Einstandswert/Effektiver Wert			
Buchwert/Bilanzwert	22'000	18'000	16'000
1/3 Warenreserven			
Zunahme/Bildung Warenreserven			
Abnahme/Auflösung Warenreserven			

b) Berechnen Sie die stillen Reserven und die zukünftigen Abschreibungen auf den Sachanlagen.

c) Berechnen Sie den Netto-Substanzwert:

Ausgewiesenes Eigenkapital Ende Jahr 3	48'000
Stille Reserven auf den Warenvorräten	
Stille Reserven auf den Sachanlagen	
Netto-Substanzwert	

d) Bereinigen Sie die Erfolgsrechnungen der Jahre 2 und 3, und ermitteln Sie den zukünftigen Erfolg.

Folgende Positionen sind zu bereinigen:
Warenaufwand, Personalaufwand, Abschreibungen, Zinsen, Steuern.

Erfolgsrechnung	Jahr 2	Jahr 3	Zukunftserfolg
Ausgewiesener Gewinn	6'200	7'000	
Korrekturposten:			
• Veränderung Warenreserven			
• Bezüge der Geschäftsleitung			
• Abschreibungen			
• Fremdkapital-Zinsen			
• Steuern			
Bereinigte Rohergebnisse			
Zukünftige Abschreibungen			
Bezüge der Geschäftsleitung			
Zukünftige Zinsen			
Gewinn vor Steuern, nach Zinsen			
Steuern 20%			
Zukunftsgewinn			

e) Berechnen Sie den Ertragswert.

f) Nun können Sie den Unternehmenswert nach der Praktiker-Methode (1 x Substanzwert + 2 x Ertragswert : 3) berechnen:

Netto-Substanzwert	
Ertragswert	
Ertragswert	
Total	
Unternehmenswert (Total : 3)	

5.4 Verfahren der Unternehmensbewertung «dynamisch»

5.4.1 DCF-Methode

Frage

Berechnen Sie den Unternehmenswert anhand der Angaben nach der DCF-Methode.

Bilanz per Bewertungsstichtag	Jahr 0	Korrekt.	Status	Betrieblich	Nicht betrieblich
Aktiven					
Liquide Mittel	1'000	0	1'000	1'000	
Forderungen aus LL	10'000	0	10'000	10'000	
Vorräte	22'000	11'000	33'000	33'000	
Immobilien	11'000	1'000	12'000	8'000	4'000
Maschinen	16'000	4'000	20'000	20'000	
Total Aktiven	**60'000**	**16'000**	**76'000**	**72'000**	**4'000**
Passiven					
Verpflichtungen aus LL	8'000	0	8'000	8'000	
Darlehen	18'000	0	18'000	18'000	
Eigenkapital	34'000	16'000	50'000	46'000	4'000
Total Passiven	**60'000**	**16'000**	**76'000**	**72'000**	**4'000**

Plan-Erfolgsrechnung	Jahr 1	Jahr 2	Jahr 3	Jahr 4	Jahr 5	Basis Res.-Wert
Umsatz	46'000	47'000	49'000	49'000	49'000	50'000
• Warenaufwand	−18'000	−18'000	−18'000	−18'000	−18'000	−19'000
• Personalkosten	−16'000	−14'000	−12'000	−10'000	−10'000	−12'000
• Abschreibungen	−4'000	−5'000	−6'000	−6'000	−6'000	−6'000
• Raumkosten	−3'000	−3'000	−3'000	−4'000	−4'000	−4'000
• FremdkapitalZinsen	−2'000	−2'000	−2'000	−2'000	−1'000	−1'000
• Steuern	−1'000	−1'000	−2'000	−2'000	−2'000	−2'000
• Übriger Aufwand	−1'000	−1'000	−1'000	−2'000	−2'000	−2'000
Reingewinn	**1'000**	**3'000**	**5'000**	**5'000**	**6'000**	**4'000**

5 Denksportaufgaben

Investitionsplan	Jahr 1	Jahr 2	Jahr 3	Jahr 4	Jahr 5	Res.-Wert
Investitionen netto	3'000	6'000	8'000	5'000	8'000	6'000
Zunahme Netto-Umlaufvermögen	1'000	0	0	1'000	1'000	0

Die Investitionen und die Zunahme des NUV sind bereits berechnet (siehe oben).

Zusätzliche Angaben:

- Gewichteter Gesamtkapitalkostensatz/WACC 8%.
- Die Steuern betragen 20% auf dem EBIT. Bei der Berechnung des WACC wurde der Steuereffekt auf dem verzinslichen Fremdkapital berücksichtigt. Somit können die Steuern direkt vom EBIT berechnet werden.

1. Berechnung des Free Cashflows:

	Jahr 1	Jahr 2	Jahr 3	Jahr 4	Jahr 5	Basis Residualwert
Reingewinn	1'000					
+ Zinsen	2'000					
+ Steuern	1'000					
EBIT	**4'000**					
− Steuern	−800					
NOPAT	**3'200**					
+ Abschreibungen	4'000					
Brutto Cashflow	**7'200**					
− Investitionen (netto)	−3'000					
+/− Veränderung NUV	−1'000					
Free Cashflow	**3'200**					

Das Planjahr 1 wurde bereits ausgefüllt. Überlegen Sie, warum welche Zahlen eingesetzt wurden. Nun können Sie die Zahlen in die folgenden Planjahre einsetzen.

In diesem Beispiel wurden bei der Planerfolgsrechnung die Steuern bewusst anders budgetiert (eher zu hoch). Wichtig ist, dass die Steuern aufgerechnet werden und EBIT Basis für die Steuerberechnung ist. Nun

5.4 Verfahren der Unternehmensbewertung «dynamisch»

sieht man den Effekt, wenn die Steuern aufgerechnet und nach dem EBIT wieder abgezogen werden. Meist enthält der Reingewinn noch betriebsfremde Erträge; diese sind zu eliminieren. In diesem Fall verändern sich der betriebliche EBIT und damit ebenfalls die Steuern.

Im letzten Jahr (Basis Residualwert) erkennen Sie, dass der Free Cashflow und NOPAT gleich hoch sind.

2. Berechnung der Barwerte der Free Cashflows:

	Jahr 1	Jahr 2	Jahr 3	Jahr 4	Jahr 5	Total
Free Cashflow						
Barwert Faktor 8%	0.926	0.857	0.794	0.735	0.681	
Barwert (gerundet)						

3. Berechnung des Barwertes des Residualwertes:

«Ewiger» Free Cashflow/NOPAT	
«Ertragswert»/Kapitalwert des Free Cashflows = …… : 8 x 100 =	
Berechnung Barwert/Residualwert = …… x 0.681* =	

* Hier kann der Abzinsungsfaktor des letzten Jahres vor der Kolonne Residualwert (in diesem Beispiel von Jahr 5 = 0.681) für die Berechnung des Residualwertes verwendet werden.

4. Berechnung Unternehmenswert:

Barwerte der einzelnen Free Cashflows/Jahre 1–5	
Residualwert/Barwert des «ewigen» Free Cashflows	
Brutto-Unternehmenswert	
– Finanzschulden	
Netto-Unternehmenswert	
+ Nicht betriebliche Vermögenswerte	
Gesamt-Unternehmenswert netto	

5.4.2 Investitionen und Veränderung Netto-Umlaufvermögen

Frage

Berechnen Sie aufgrund der folgenden Daten die Veränderung des Netto-Umlaufvermögens und die Investitionen.

Bilanzen	Jahr 0	Plan Jahr 1	Plan Jahr 2	Plan Jahr 3	Plan Jahr 4	Plan Jahr 5
Aktiven						
Liquide Mittel	2'000	2'000	2'000	2'000	2'000	2'000
Forderungen aus LL	40'000	44'000	45'000	45'000	47'000	47'000
Vorräte	44'000	53'000	54'000	54'000	53'000	54'000
Sachanlagen	106'000	108'000	104'000	100'000	102'000	101'000
Total Aktiven	**192'000**	**207'000**	**205'000**	**201'000**	**204'000**	**204'000**
Passiven						
Verpflichtungen aus LL	48'000	60'000	55'000	52'000	51'000	50'000
Darlehen	48'000	47'000	47'000	44'000	44'000	43'000
Eigenkapital	96'000	100'000	103'000	105'000	109'000	111'000
Total Passiven	**192'000**	**207'000**	**205'000**	**201'000**	**204'000**	**204'000**

Keine Desinvestitionen

Auszug aus Erfolgsrechnungen	Jahr 0	Plan ER Jahr 1	Plan ER Jahr 2	Plan ER Jahr 3	Plan ER Jahr 4	Plan ER Jahr 5
Abschreibung Anlagen	8'000	8'000	10'000	10'000	10'000	10'000

Berechnung der Investitionen Sachanlagen:

Konto Anlagen	Jahr 0	Jahr 1	Jahr 2	Jahr 3	Jahr 4	Jahr 5
Anfangsbestand						
− Abschreibungen						
Zwischentotal						
Schlussbestand						
Investitionen						

5.4 Verfahren der Unternehmensbewertung «dynamisch»

Berechnung Veränderung Netto-Umlaufvermögen:

Nettoumlaufvermögen	Jahr 0	Jahr 1	Jahr 2	Jahr 3	Jahr 4	Jahr 5
Liquide Mittel						
Forderungen aus LL						
Vorräte						
– Verpflichtungen aus LL						
Zwischentotal NUV						
– Bestand Vorjahr NUV						
+/– Veränderung NUV						

5.4.3 EVA / Spread

Frage 1

Berechnen Sie anhand der folgenden Daten den Mehrwert/EVA für ein Jahr.

NOPAT 200/Gesamtkapitalkostensatz/WACC 10%/NOA 1'800.

Erfolgsrechnung	Jahr 1
NOPAT	
– Zins auf NOA	
EVA	

Frage 2

Wie hoch ist der Spread? (Daten gemäss Frage 1)

Planjahr	Jahr 1
ROIC (Return on Invested Capital)	
Kapitalkosten/WACC	
Spread = ROIC – WACC	

5.4.4 DCF- und EVA-Methode

Berechnen Sie anhand der folgenden Daten den Unternehmenswert nach der EVA-Methode und nach der DCF-Methode:

Plan-Bilanzen	Jahr 0	Jahr 1	Jahr 2	Jahr 3	Jahr 4	Jahr 5	Basis Residualwert
Umlaufvermögen	110	110	110	120	120	120	120
Anlagevermögen	100	100	110	120	150	150	150
Total Aktiven	**210**	**210**	**220**	**240**	**270**	**270**	**270**
Verpflichtungen aus LL	60	60	60	70	60	60	60
Darlehen	50	50	60	60	60	60	60
Eigenkapital	100	100	100	110	150	150	150
Total Passiven	**210**	**210**	**220**	**240**	**270**	**270**	**270**

Plan-Erfolgsrechnung	Jahr 1	Jahr 2	Jahr 3	Jahr 4	Jahr 5	Basis Residualwert
Umsatz	100	120	132	156	160	161
– Warenaufwand und Personalkosten	–40	–60	–80	–80	–90	–90
– Übrige liquiditätswirksame Kosten	–20	–20	–20	–30	–30	–30
Cashflow (vor Zinsen und Steuern)	**40**	**40**	**32**	**46**	**40**	**41**
– Abschreibungen	–10	–10	–10	–10	–10	–10
– Steuern	–6	–6	–4	–7	–6	–6
NOPAT	**24**	**24**	**18**	**29**	**24**	**25**

5.4 Verfahren der Unternehmensbewertung «dynamisch»

Berechnung NOA und Verzinsung NOA:

Plan-Bilanz	Jahr 0	Jahr 1	Jahr 2	Jahr 3	Jahr 4	Jahr 5	Residualwert
Aktiven/Gesamtvermögen							
– Nicht verzinsliches FK/Verpflichtungen aus LL							
NOA							
Zins NOA 10% auf NOA VJ							

Berechnung EVA/Barwerte EVA und Residualwert:

Plan-Erfolgsrechnung	Jahr 1	Jahr 2	Jahr 3	Jahr 4	Jahr 5	Residualwert
NOPAT						
– Zins auf NOA						
EVA/Mehrwert						
Kapitalisierter Restwert 10%						
Barwertfaktoren 10%	0.909	0.826	0.751	0.683	0.621	0.621
Barwert EVA/Res.Wert						

Berechnung des Unternehmenswertes nach der EVA-Methode:

NOA = betriebliches Gesamtvermögen (am Bewertungsstichtag)	
Total Barwerte EVA inkl. Residualwert = Market Value Added (MVA)	
Brutto-Unternehmenswert	
– Finanzschulden	
Netto-Unternehmenswert	

Für die Berechnung des Unternehmenswertes nach der DCF-Methode müssen die Investitionen und die Veränderungen des Netto-Umlaufvermögens ermittelt werden.

Berechnung der Investitionen/Sachanlagen:

Konto Anlagen	Jahr 0	Jahr 1	Jahr 2	Jahr 3	Jahr 4	Jahr 5	Residualwert
Anfangsbestand							
– Abschreibung							
Zwischentotal							
Schlussbestand							
Investitionen							

Berechnung Veränderung Netto-Umlaufvermögen:

Netto-Umlaufvermögen	Jahr 0	Jahr 1	Jahr 2	Jahr 3	Jahr 4	Jahr 5	Residualwert
Umlaufvermögen	110	110	110	120	120	120	120
– Verpflichtungen aus LL							
Zwischentotal NUV							
– Bestand Vorjahr NUV							
+/– Veränderung NUV							

Plan-Erfolgsrechnung	Jahr 1	Jahr 2	Jahr 3	Jahr 4	Jahr 5	Residualwert
Cashflow (vor Zinsen und Steuern)	40	40	32	46	40	41
– Steuern	–6	–6	–4	–7	–6	–6
Cashflow nach Steuern	34	34	28	39	34	35

5.4 Verfahren der Unternehmensbewertung «dynamisch»

Berechnung Free Cashflow/Barwerte Free Cashflow Residualwert:

Plan-Erfolgsrechnung	Jahr 1	Jahr 2	Jahr 3	Jahr 4	Jahr 5	Residualwert
Cashflow nach Steuern	34	34	28	39	34	35
− Investitionen						
+/− Veränderung NUV						
Free Cashflow						
Kapitalisierter Restwert 10%						
Barwertfaktoren 10%	0.909	0.826	0.751	0.683	0.621	0.621
Barwerte FCF/Res.Wert						

Berechnung des Unternehmenswertes nach der DCF-Methode:

Total Barwerte Free Cashflow Jahr 1–5	
Residualwert	
Brutto-Unternehmenswert	
− Finanzschulden	
Netto-Unternehmenswert	

5.4.5 EVA und Equity Equivalents

Berechnen Sie anhand der folgenden Daten den Unternehmenswert nach der EVA-Methode (Zahlen in Mio. CHF) per Ende Jahr 0 unter Berücksichtigung der Equity Equivalents:

- Gesamtkapitalkostensatz/WACC 10%
- Verzinsliches Fremdkapital per Bewertungsstichtag = Jahr 0 = 120

NOA	Ist Jahr 0	Plan Jahr 1	Plan Jahr 2	Plan Jahr 3	Plan Jahr 4	Plan Jahr 5	Residualwert
Total Aktiven	250	260	290	310	350	330	330
Verpflichtungen aus LL	−50	−60	−60	−60	−70	−60	−60
NOA	**200**	**200**	**230**	**250**	**280**	**270**	**270**

5 Denksportaufgaben

Auszug Erfolgsrechnung	Plan Jahr 1	Plan Jahr 2	Plan Jahr 3	Plan Jahr 4	Plan Jahr 5	Residualwert
Cashflow (vor Zinsen, nach Steuern)	40	50	50	40	40	50
– Abschreibungen	–10	–10	–10	–10	–10	–10
NOPAT	**30**	**40**	**40**	**30**	**30**	**40**

Im Cashflow sind die Ausgaben für Forschungsprojekte budgetiert:

Aktivierbare Forschungs-/ Entwicklungsausgaben	Ist Jahr 0	Plan Jahr 1	Plan Jahr 2	Plan Jahr 3	Plan Jahr 4	Plan Jahr 5	Residualwert
F- & E-Kosten	0	30	30	30	0	0	0

Die Forschungs- und Entwicklungskosten sind in einer Nebenrechnung zu aktivieren und abzuschreiben. Der Restwert/Bestand ist bei NOA zu berücksichtigen, die Veränderungen sind bei NOPAT zu beachten. Es wird davon ausgegangen, dass die Forschungs- und Entwicklungskosten jeweils eine Nutzungsdauer von 3 Jahren haben.

Aktivierbare Forschungs-/ Entwicklungskosten	Jahr 0	Jahr 1	Jahr 2	Jahr 3	Jahr 4	Jahr 5	Residualwert
Anfangsbestand	0	0					
Forschungs-/Entwicklungskosten	0						
Endbestand vor Abschreibungen	0						
Abschreib. Jahr 1 Nutzungsdauer 3 J.							
Abschreib. Jahr 2 Nutzungsdauer 3 J.							
Abschreib. Jahr 3 Nutzungsdauer 3 J.							
Endbestand nach Abschreib./NOA	0						
Veränderung zum Vorjahr/NOPAT							

5.4 Verfahren der Unternehmensbewertung «dynamisch»

Auswirkungen auf NOA:

Plan-Bilanz	Jahr 0	Jahr 1	Jahr 2	Jahr 3	Jahr 4	Jahr 5	Residual-wert
NOA «alt»							
Forschungs-/Entwicklungskosten							
NOA «neu»/nach Aktiv. F & E							

Auswirkungen auf NOPAT:

Plan-Erfolgsrechnung	Jahr 1	Jahr 2	Jahr 3	Jahr 4	Jahr 5	Residual-wert
NOPAT «alt»						
Änderung Bestand F- & E-Kosten						
NOPAT «neu»						

Berechnung des Unternehmenswertes nach EVA

Berechnung der Zinsen auf NOA:

Plan-Bilanz	Jahr 0	Jahr 1	Jahr 2	Jahr 3	Jahr 4	Jahr 5	Residual-wert
NOA «neu» zu Beginn des Jahres	0						
Zins (Zinssatz 10%)	0						

5 Denksportaufgaben

Berechnung des Mehrnutzens pro Jahr (= EVA) und der Barwerte von EVA:
Auswirkungen auf NOPAT:

Plan-Erfolgsrechnung	Jahr 1	Jahr 2	Jahr 3	Jahr 4	Jahr 5	Residualwert
NOPAT «neu»						
− Zins auf NOA						
EVA						
Kapitalisierter Restwert zu 10% (Residualwert)						
Barwertfaktoren 10%	0.909	0.826	0.751	0.683	0.621	0.621
Barwert EVA						

Berechnung des Unternehmenswertes:

NOA = betriebliches Gesamtvermögen (am Bewertungsstichtag)	
Total Barwerte EVA inkl. Residualwert = Market Value Added (MVA)	
Brutto-Unternehmenswert	
− Finanzschulden	
Netto-Unternehmenswert	

Bravo! Nun haben Sie die theoretischen Grundlagen mit kleinen Übungen erarbeitet.

Versuchen Sie nun, das Gelernte bei den Gesamtaufgaben anzuwenden und umzusetzen.

6 Gesamtaufgaben

Die Gesamtaufgaben sind (soweit möglich) nach Schwierigkeitsgrad und Aufbau des Theorieteils geordnet. Die meisten Aufgaben können mit den vorbereiteten Tabellen strukturiert gelöst werden. Andere Lösungswege sind möglich. Bei einzelnen Aufgaben wurden bewusst keine vorbereiteten Tabellen vorgegeben, da dies bei Prüfungen auch nicht vorgesehen ist.

Wo nichts anderes vermerkt ist, werden Kurzzahlen verwendet. Dabei verstehen sich die Beträge in CHF 1'000.

✓ Die Lösungen finden Sie unter veb.ch sowie ofv.ch.

6.1 Kapitalkostensatz / WACC

- Bei der KIWI AG wird inskünftig mit folgender Bilanzstruktur gerechnet: unverzinsliches Fremdkapital 20%, verzinsliches Fremdkapital 30% und Eigenkapital 50%.
- Generell wird langfristig inskünftig für den SPI eine Aktienrendite von 8% erwartet. Das Beta für Unternehmen der gleichen Branche wie die KIWI AG beträgt zurzeit 1.2. Die Rendite für langfristige Bundesobligationen beläuft sich zurzeit auf 3%. Der Zinssatz für langfristige Bankkredite beträgt zurzeit 4%.

Aufgaben

a) Berechnen Sie den markt- und risikogerechten Gesamtkapitalkostensatz/WACC ohne Berücksichtigung des Steuersatzes.

b) Es wird mit einem Steuersatz von 20% gerechnet (im Steuersatz von 20% ist bereits berücksichtigt, dass die Steuern abzugsfähig sind, es muss daher nicht im Hundert gerechnet werden). Berechnen Sie den markt- und risikogerechten Gesamtkapitalkostensatz/WACC mit Berücksichtigung des Steuersatzes/steueradjustierter WACC.

6.2 Beta / WACC

Matra AG rechnet bei einem Eigenfinanzierungsgrad von 50% und mit einem WACC von 7.40%. Es wird mit einer Marktrisikoprämie von 5%, einem risikolosen Zinssatz von 4% und einem Fremdkapitalkostensatz nach Steuern von 4.80% gerechnet.

Aufgaben

a) Wie hoch ist der Beta-Faktor?

b) Wie hoch ist der WACC, wenn der Fremdfinanzierungsgrad auf 60% ansteigt, das Fremdkapital zu 6% verzinst wird, ein Steuersatz von 20% im Fremdkapitalkostensatz zu berücksichtigen ist und mit einem Beta von 1.3, einer Marktrisikoprämie von 5% und einem risikolosen Zinssatz von 4% gerechnet wird?

6.3 Beta / WACC

Die Balto AG will mit dem Leverage-Effekt die Eigenkapitalrendite von bisher 12% auf 16% steigern. Die Balto AG rechnet bisher bei 20% Fremdfinanzierung und einem Steuersatz von 25% mit einer Gesamtkapitalrendite (= Gesamtkapitalkostensatz/WACC) von 10.2%. Wie hoch müsste bei Erhöhung der Eigenkapitalrendite mittels Leverage-Effekt der Anteil der Fremdfinanzierung sein?

Aufgaben

a) Weisen Sie den steueradjustierten WACC von 10.2% nach.

b) Berechnen Sie den Anteil der Fremdfinanzierung, wenn die Eigenkapitalrendite auf 16% erhöht werden soll.

6.4 Aufteilung der Zinskosten

Bilanz und Erfolgsrechnung:

Aktiven	xx2	xx1	Passiven	xx2	xx1
Umlaufvermögen	190'000	180'000	Verpflichtungen aus LL	70'000	60'000
Anlagevermögen	430'000	430'000	Darlehen	200'000	200'000
			Eigenkapital	350'000	350'000
Total Aktiven	**620'000**	**610'000**	**Total Passiven**	**620'000**	**610'000**

Erfolgsrechnung	xx2
Umsatzerlös	600'000
− Variable Kosten	−140'000
Deckungsbeitrag (in % vom Umsatz = 77.42%)	**460'000**
Fixe Ausgaben (ohne Zinsen)	−300'000
− Abschreibungen	−100'000
EBIT/Gewinn vor Zinsen und Steuern	**60'000**
− Fremdkapitalzinsen	−10'000
Gewinn vor Steuern	**50'000**
− Steuern	−10'000
Reingewinn	**40'000**

Für die Berechnungen erhalten Sie folgende Zusatzinformationen:

- Risikoloser Zinssatz von Bundesanleihen 3%; Aktienrendite SPI 8%; Volatilität zum SPI-Index 1.3 (= Beta). Es ist der steueradjustierte WACC für die weiteren Berechnungen zu berücksichtigen.
- Die Verzinsung von NOA erfolgt auf Basis des Anfangsbestandes.
- Die Steuern belaufen sich auf 20%. Im Steuersatz ist berücksichtigt, dass die Steuern abzugsfähig sind, es muss daher nicht im Hundert gerechnet werden.
- Die Risikoprämie setzt sich aus der Marktrisikoprämie und dem Beta zusammen (Marktrisikoprämie x Beta = Risikoprämie).

6.4 Aufteilung der Zinskosten

Aufgaben

a) Berechnen Sie für das Jahr xx2 die Zinskosten in Franken; aufgeteilt auf die massgebenden Komponenten:

		Kapital		Zins in CHF
Erwartete Aktienrendite				
− Risikoloser Zinssatz				
Marktrisikoprämie				
Marktrisikoprämie ... x Beta ... =				
Risikoloser Zinssatz				
Kosten Eigenkapital				
Zins Fremdkapital				
− Steuern 20%				
Kosten Gesamtkapital				
EBIT/Gewinn vor Zinsen und Steuern				
− Steuern 20%				
NOPAT/Gewinn vor Zinsen nach Steuern				
NOPAT				
− Kosten Gesamtkapital				
EVA				

b) Setzen Sie die entsprechenden Zahlen in das Schema ein und berechnen Sie EVA:

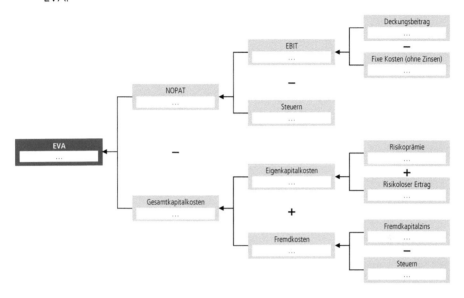

6.5 Aufteilung der Zinskosten

Wie hoch sind die Zinskosten in Franken, aufgeteilt auf die massgebenden Komponenten?

- Unverzinsliches Fremdkapital .... 50'000
- Verzinsliches Fremdkapital .... 50'000
- Eigenkapital laut Bilanz .... 100'000
  (eingeteilt in 100'000 Aktien à nominell 1'000.–/Kurswert pro Aktie 1'500.–). Bei der Angabe des Marktwertes des Eigenkapitals (Aktienkurs) ist der Marktwert als Basis für die Aufteilung FK/EK zu berücksichtigen.
- Risikoloser Zinssatz für langfristige Anlagen 3%
- Erwartete Aktienrendite 8%
- Beta-Faktor 1.2
- Zinssatz für langfristiges Fremdkapital 5%
- Steuern 20%
- NOPAT (Gewinn vor Zinsen nach Steuern) .... 18'000

Aufgaben

a) Zeigen Sie die Komponenten der Kapitalkosten in Franken im Detail auf.
b) Wie viel beträgt EVA?
c) Berechnen Sie den Gesamtkapitalkostensatz/WACC in Prozenten.

6.6 Ziel-Gewinn / Ziel-NOPAT / Spread

Bilanz und Erfolgsrechnung (xx2 = Plan):

Aktiven	xx2	xx1	Passiven	xx2	xx1
Umlaufvermögen	2'900	2'800	Verpflichtungen aus LL	700	600
Anlagevermögen	5'300	5'300	Darlehen	3'000	3'000
			Eigenkapital	4'500	4'500
Total Aktiven	**8'200**	**8'100**	**Total Passiven**	**8'200**	**8'100**

Erfolgsrechnung (Plan)	xx2
Umsatzerlös	6'200
– Variable Kosten	–1'400
Deckungsbeitrag (in % vom Umsatz = 77.42%)	**4'800**
– Fixe Ausgaben (ohne Zinsen)	–3'000
EBITDA (Gewinn vor Abschreibungen, Zinsen und Steuern)	**1'800**
– Abschreibungen	–1'200
EBIT/Gewinn vor Zinsen und Steuern	**600**
– Fremdkapitalzinsen	–180
Gewinn vor Steuern	**420**
– Steuern	–84
Reingewinn	**336**

Für die Berechnungen erhalten Sie folgende Zusatzinformationen:

- Risikoloser Zinssatz von Bundesanleihen 4%; Aktienrendite SPI 9%; Volatilität zum SPI-Index 1.2 (= Beta). Es ist der steueradjustierte WACC für die weiteren Berechnungen zu berücksichtigen.
- Die Verzinsung von NOA erfolgt auf Basis des Anfangsbestandes.

- Die Steuern belaufen sich auf 20%. Im Steuersatz ist berücksichtigt, dass die Steuern abzugsfähig sind, es muss daher nicht im Hundert gerechnet werden.

Aufgaben

a) Berechnen Sie den NOPAT von Jahr xx2:

Gewinn vor Zinsen und Steuern/EBIT	
− Steuern 20%	
Gewinn vor Zinsen, nach Steuern/NOPAT	

b) Berechnen Sie für das Jahr xx2 den Ziel-NOPAT (Basis NOA und steueradjustierter WACC).

Es ist NOA zu berechnen, das verzinsliche Fremdkapital und das Eigenkapital.

Bilanzsumme xx1 (Vorjahr Basis für Zins a/NOA)		
− Nicht verzinsliches Fremdkapital		
NOA		100%
Davon verzinsliches Fremdkapital		
Davon Eigenkapital		

Berechnen Sie den Fremdkapitalkostensatz steueradjustiert.

Berechnen Sie die Marktrisikoprämie und den Eigenkapitalkostensatz.

Fremdkapitalkostensatz			
Eigenkapitalkostensatz			
Gesamtkapitalkostensatz/WACC			

c) Berechnen Sie für das Jahr xx2 den Spread in Prozent und in Franken (Basis Gesamtkapitalkostensatz /steueradjustierter WACC):

ROIC (Return on Invested Capital) NOPAT : NOA =	
– Gesamtkapitalkostensatz/WACC	
Spread (ROIC – WACC) in Prozent	
NOPAT	
– Ziel NOPAT = NOA x WACC	
Spread in CHF	

oder NOA x Spread in Prozent = …

d) Berechnen Sie für das Jahr xx2 die Differenz/Spread zwischen Ziel-Reingewinn und Reingewinn (Basis Eigenkapitalkostensatz) in Prozent und Franken:

Rendite Eigenkapital = Reingewinn : Eigenkapital =	
– Eigenkapitalkostensatz	
Spread (EK-Rendite – Eigenkapitalkostensatz) in Prozent	
Geplanter Reingewinn (nach Steuern)	336
– Ziel-Reingewinn = EK x Eigenkapitalkostensatz (nach Steuern)	
Spread in CHF	

oder Eigenkapital x Spread in Prozent = …

e) Bei welchem Umsatz wird der Ziel-NOPAT erreicht?

Fixe Ausgaben (ohne Zinsen)	
– Abschreibungen	
– Fremdkapitalzinsen	
Zwischentotal Fixkosten	
Ziel-Reingewinn vor Steuern	
Total Fixkosten plus Reingewinn	

Berechnung Ziel-Umsatz vor Steuern: ...

Der Ziel-Umsatz kann wie folgt ermittelt werden:
Fixkosten plus Reingewinn: Deckungsbeitragssatz in % = Ziel-Umsatz.

Nach der Ermittlung des Ziel-Umsatzes kann der Deckungsbeitrag neu berechnet und in der nachstehenden Tabelle «Kontrolle Ziel-NOPAT» eingetragen werden.

Kontrolle Ziel-NOPAT:

Deckungsbeitrag neu .... =		
− Deckungsbeitrag bisher		
Zunahme Deckungsbeitrag		
+ Gewinn vor Zinsen und Steuern/EBIT bisher		
Gewinn vor Zinsen und Steuern/EBIT neu		
− Steuern 20%		
Gewinn vor Zinsen, nach Steuern/Ziel-NOPAT		

Kontrolle Reingewinn:

Erfolgsrechnung	xx2
Umsatzerlös	
− Variable Kosten	
Deckungsbeitrag (in % vom Umsatz = 77.42%)	
− Fixe Ausgaben (ohne Zinsen)	−3'000
EBITDA/Gewinn vor Abschreibungen, Zinsen und Steuern	
− Abschreibungen	−1'200
EBIT/Gewinn vor Zinsen und Steuern	
− Fremdkapitalzinsen	−180
Gewinn vor Steuern	
EBIT/Gewinn vor Zinsen und Steuern	
− Steuern 20%	
Gewinn vor Zinsen, nach Steuern/NOPAT	

6.7 Anwendung Spread

- NOPAT .... 2'000
- Gesamtkapitalkostensatz/WACC 8%
- Bilanzsumme .... 24'000
- Verpflichtungen aus LL (nicht verzinsliche Passiven) .... 4'000
- Gewinnsteuersatz 33.33%,
  darin ist bereits berücksichtigt, dass die Steuern
  abzugsfähig sind (nicht im Hundert rechnen)

Aufgabe

Beziffern Sie den Spread:

		Richtig
A	Der Spread beträgt 0.33%.	☐
B	Der Spread beträgt 2.00%.	☐
C	Der Spread beträgt –1.33%.	☐
D	Der Spread beträgt 3.08%.	☐

6.8 Substanzwertberechnung MIRA AG

Die MIRA AG ist ein schweizerisches Textilunternehmen. Sie hat sich in den letzten Jahren kontinuierlich entwickelt.

Die Beurteilung der Zukunftsaussichten ergibt, dass ein Verkaufsumsatz in der Grössenordnung der letzten Jahre auch inskünftig erzielt werden kann. Eine wesentliche Umsatzsteigerung ist nicht zu erwarten.

Der bisherige Alleinaktionär möchte noch etwas anderes machen und die Aktien der MIRA AG verkaufen. Er hat Sie beauftragt, vorerst den Substanzwert des Unternehmens zu ermitteln.

Als Grundlage steht Ihnen die *Bilanz vom letzten Jahr xx3* zur Verfügung.

Aktiven		Passiven	
Liquide Mittel	1'170	Verpflichtungen aus LL	3'510
Forderungen aus LL	5'730	Kontokorrent	710
Darlehen	1'500	Hypotheken	6'100
Warenvorräte	3'300	Rückstellungen	1'500
Beteiligung	900		
Maschinen und Mobilien	900	Aktienkapital	6'000
Fabrikgebäude inkl. Grundstück	4'650	Offene Reserven	3'800
Wohnhaus	4'830	Bilanzgewinn	1'360
Total Aktiven	**22'980**	**Total Passiven**	**22'980**

Erläuterungen zu einzelnen Bilanzpositionen

1. Debitoren

Die ausstehenden Forderungen aus LL (Debitoren) hat Ihr Mitarbeiter analysiert. Der ausgewiesene Buchwert der Debitoren setzt sich wie folgt zusammen:

Offene Debitorenforderungen 6'230 abzüglich Delkredere 500 = Buchwert 5'730.

Im Zeitpunkt der Bewertung (2 Monate nach Bewertungsstichtag) zeigt die Analyse der Debitoren folgendes Bild:

Bereits bezahlt sind		2'800
Offen zwischen 60 und 90 Tagen	Kat. 1	1'600
Offen zwischen 90 und 180 Tagen	Kat. 2	1'000
Offen zwischen 180 und 360 Tagen	Kat. 3	700
Offen seit über 360 Tagen	Kat. 4	130
Total offene Debitorenforderungen		**6'230**

Aufgrund von bisherigen Erfahrungen rechnen Sie in dieser Branche mit folgenden zukünftigen Debitorenverlusten:
Kat. 1 = 3%, Kat. 2 = 7%, Kat. 3 = 30%, Kat. 4 = 60%.

2. Aktivdarlehen

Es handelt sich um ein unverzinsliches, in zwei Jahren fälliges Darlehen. Die Position enthält aufgrund der erhaltenen Informationen kein Bonitätsrisiko. Der Schuldner ist ein Freund des Hauptaktionärs. Hypothekarzinsen zurzeit 5%.

3. Warenvorräte

Die Inventarliste (zusammengefasst) zeigt folgende Details:

Warenvorräte	Ende xx3
Aufgelaufene Produktionskosten/Waren in Arbeit	4'500
Fertigfabrikate (Herstellkosten)	1'500
Rohmaterial (Einstandspreis)	1'350
	7'350
– Genereller Altersabzug auf den Warenvorräten	–600
– Steuerlich privilegierte Warenreserve	–2'250
– Versteuerte Reserve	–1'200
Total Buchwert Warenvorräte	**3'300**

4. Beteiligung

Die MIRA AG ist beim Zeitschriftenverlag HALLWAG AG zu 40% beteiligt. Die HALLWAG AG weist im letzten Geschäftsjahr folgendes Eigenkapital aus:

Aktienkapital	1'800
Offene Reserven	600
Bilanzgewinn	150

Zudem werden die stillen Reserven auf insgesamt rund 450 geschätzt.

5. Maschinen und Mobilien

Aus dem Anlagespiegel, der Anlagebuchhaltung und weiteren Unterlagen ergeben sich, per Bewertungsstichtag, folgende Werte:

Anschaffungswert	1'800
Wiederbeschaffungswert (Neuwert)	2'600
Kalkulatorischer Restwert gemäss Anlagebuchhaltung	950
Versicherungswert (Neuwert)	2'430

6. Fabrikgebäude inkl. Grundstück

Aus dem Kaufvertrag, der Bauabrechnung und weiteren Unterlagen erhalten Sie folgende Informationen:

Kauf des Landes (vor 20 Jahren), 10'000 m² zu	810
Gebäude (erstellt vor 10 Jahren), Kosten laut Bauabrechnung	4'800
Abschreibungen kumuliert (jährlich 2% vom Gebäudewert)	−960
Buchwert per Bewertungsstichtag	4'650
Versicherungswert (Neuwert)	4'550
Verkehrswert des Landes heute	ca. 0.2 pro m²

7. Wohngebäude

Aus dem Kaufvertrag, der Bauabrechnung und weiteren Unterlagen erhalten Sie folgende Informationen:

Kaufpreis (vor 4 Jahren)	5'250
Abschreibungen kumuliert (jährlich 2%)	−420
Buchwert per Bewertungsstichtag	4'830
Versicherungswert (Neuwert)	4'900
Verkehrswert gemäss Schätzung eines Liegenschaftsexperten	6'000

8. Hypotheken

Die Hypotheken sind wie folgt aufgeteilt:

Fabrikgebäude	2'400
Wohngebäude	3'700
Total Hypotheken per Bewertungsstichtag (Zinssatz 5%)	6'100

9. Rückstellungen

Der bilanzierte Betrag für die Rückstellungen betrifft:

Garantierückstellung*	1'000
Rückstellung für zukünftige Investitionen**	500

* Die Garantierückstellung ist angemessen, sie wurde steuerlich akzeptiert.
** Die Rückstellung für zukünftige Investitionen wurde von der Steuerverwaltung nicht akzeptiert und wurde steuerlich aufgerechnet, d.h., sie ist versteuert.

10. Weitere Angaben

Der Steuersatz beträgt 20% (darin ist bereits berücksichtigt, dass die Steuern abzugsfähig sind).

Nach der Analyse der Bilanz wurde anlässlich einer Besprechung mit dem Hauptaktionär festgelegt, dass folgende Vermögenswerte nicht betriebsnotwendig sind:
- Aktivdarlehen (unverzinslich, Schuldner ein Freund des Hauptaktionärs)
- Beteiligung (ein Textilunternehmen braucht geschäftlich keine Beteiligung an einem Zeitschriftenverlag)
- Wohngebäude und die dazugehörende Hypothek

Aufgaben

Für die Ermittlung des Substanzwertes ist vorerst die Ausscheidung von nicht betriebsnotwendigen Vermögenswerten (inkl. Verpflichtungen) vorzunehmen. Diese nicht betriebsnotwendigen Vermögenswerte sind zum Liquidationswert (Marktwert), unter Berücksichtigung von allfälligen latenten Steuern auf nicht versteuerten stillen Reserven einzusetzen.

Nicht betriebsnotwendige Vermögensteile	Buchwert	Marktwert vor Steuern	Stille unverst. Reserven	Rückst. Steuern	Marktwert nach Steuern
Aktivdarlehen	1'500				
Beteiligung	900				
Wohnhaus	4'830				
Nicht betriebliches Vermögen	7'230				
Hypotheken	–3'700				
Rückstellung latente Steuern	0				
Nicht betriebliche Substanz netto	3'530				

6 Gesamtaufgaben

Für die Ermittlung des betrieblichen Substanzwertes, nach Berücksichtigung von latenten Steuern, sind die Werte zusammenzustellen:

Betriebsnotwendiges Vermögen	Buchwert	Substanzwert vor Steuern	Stille Reserven	Rückst. Steuern	Substanzwert nach Steuern
Liquide Mittel	1'170				
Forderungen aus LL	5'730				
Warenvorräte	3'300				
Maschinen und Mobilien	900				
Fabrikgebäude	4'650				
Brutto-Substanz betrieblich	**15'750**				
Verpflichtungen aus LL	−3'510				
Bankkontokorrent	−710				
Hypotheken Fabrikgebäude	−2'400				
Rückstellungen	−1'500				
Rückstellung latente Steuern					
Betriebliche Netto-Substanz	**7'630**				

Berechnung der Rückstellung für latente Steuern:

Stille Reserven gemäss obiger Berechnung	
− Bereits versteuerte stille Reserven auf Warenvorräte	
− Bereits versteuerte stille Reserven auf Rückstellungen	
Total nicht versteuerte stille Reserven	

Davon 10% (1/2 des Steuersatzes, da betriebliche stille Reserven) = …

Netto-Substanzwert des betrieblichen Vermögens	
Netto-Substanzwert des betriebsfremden Vermögens	
Total Substanzwert netto	

6.9 Latente Steuern / Substanzwert netto

Im Rahmen einer Unternehmensbewertung sind die latenten Steuern und der Netto-Substanzwert anhand der nachstehenden Angaben zu berechnen.

Aktiven		Passiven	
Liquide Mittel	1'000	Verpflichtungen aus LL	8'000
Forderungen aus LL	10'000	Darlehen	18'000
Vorräte	22'000	Hypotheken	8'000
Immobilien	11'000		
Maschinen	16'000	Eigenkapital	26'000
Total	**60'000**		**60'000**

- Die Vorräte werden jeweils unter Abzug der steuerlich privilegierten Warenreserve von 33 1/3 % bilanziert.
- Die Immobilien sind betrieblich nicht notwendig. Gemäss Gutachten beträgt der aktuelle Verkehrswert 16'000.
- Es wird mit einem maximalen Steuersatz von 30% gerechnet; die Steuern sind als Aufwand abzugsfähig (im Hundert rechnen).

Aufgaben

Ergänzen Sie die folgenden Aufstellungen:

Bilanz per Bewertungsstichtag	Buchwert	Korrektur	Status	Betrieblich	Nicht betrieblich
Aktiven					
Liquide Mittel	1'000				
Forderungen aus LL	10'000				
Vorräte	22'000				
Immobilien	11'000				
Maschinen	16'000				
Total Aktiven	**60'000**				
Passiven					
Verpflichtungen aus LL	8'000				
Darlehen	18'000				
Hypothek	8'000				
Rückst. für latente Steuern					
Eigenkapital	26'000				
Total Passiven	**60'000**				

Latente Steuern			
Betriebliche stille Reserven			
Nicht betriebliche stille Reserven			
Total			

Netto-Substanzwert	
Substanzwert betrieblich	
Substanzwert nicht betrieblich	
Total	

6.10 Ertragswertberechnung MIRA AG

Die MIRA AG ist ein schweizerisches Textilunternehmen. Sie hat sich kontinuierlich entwickelt.

Es wird erwartet, dass ein Verkaufsumsatz in der Grössenordnung der letzten Jahre auch inskünftig erzielt werden kann. Eine wesentliche Umsatzsteigerung ist nicht zu erwarten.

Der bisherige Alleinaktionär möchte noch etwas anderes machen und die Aktien der MIRA AG verkaufen. Er hat einen Kaufinteressenten gefunden, dieser möchte aber neben dem Substanzwert (siehe Aufgabe 6.08) auch den Ertragswert der MIRA AG kennen. Sie werden beauftragt, den Ertragswert und anschliessend den Mittelwert (1 x Substanzwert + 2 x Ertragswert : 3) vom Unternehmen zu berechnen.

Als Grundlage stehen Ihnen die *Erfolgsrechnungen der letzten 3 Jahre* zur Verfügung:

Erfolgsrechnungen	xx1	xx2	xx3
Ertrag			
Erlös aus Warenverkauf	40'200	40'400	40'600
Liegenschaftserfolg Wohnhaus	40	40	60
Dividenden Beteiligung	40	40	40
Andere betriebliche Erträge	20	20	100
Total Ertrag	**40'300**	**40'500**	**40'800**
Aufwand			
Warenaufwand	8'000	8'400	8'600
Personalaufwand	22'000	22'300	22'400
Übriger Betriebsaufwand	4'780	4'800	4'960
Abschreibungen	720	940	880
Verwaltungsaufwand	1'020	1'100	1'200
Werbung, Marketing	1'500	1'000	1'000
Kapitalzinsen	440	340	240
Steuern	560	540	420
Jahresgewinn	1'280	1'080	1'100
Total Aufwand	**40'300**	**40'500**	**40'800**

1. Ergänzungen zu einzelnen Bilanzpositionen

Die Erläuterungen zu den Bilanzpositionen gemäss Aufgabe 6.08 Substanzwertberechnung MIRA AG sind, soweit notwendig, ebenfalls bei der Ermittlung des Ertragswertes zu berücksichtigen.

1.1 Warenvorräte

Die Inventarlisten der letzten Jahre (zusammengefasst) zeigen folgende Details:

Warenvorräte	xx0	xx1	xx2	xx3
Halbfabrikate/Waren in Arbeit	4'000	3'000	3'400	4'500
Fertigfabrikate (Herstellkosten)	1'500	1'600	1'200	1'500
Rohmaterial (Einstandspreis)	2'000	2'200	1'900	1'350
Zwischentotal	**7'500**	**6'800**	**6'500**	**7'350**
– Genereller Altersabzug auf den Warenvorräten	–600	–500	–500	–600
– Steuerlich privilegierte Warenreserve	–2'300	–2'100	–2'000	–2'250
– Versteuerte Reserve	–1'000	–1'000	–1'200	–1'200
Total Buchwert Warenvorräte	**3'600**	**3'200**	**2'800**	**3'300**

1.2 Maschinen und Mobilien

Aus dem Anlagespiegel, der Anlagebuchhaltung und weiteren Unterlagen ergeben sich, per Bewertungsstichtag, folgende Werte:

- Wiederbeschaffungswert 2'700
- Für die zukünftigen Abschreibungen sind 20% vom Wiederbeschaffungswert zu berücksichtigen.

1.3 Fabrikgebäude inkl. Grundstück

Aus Bauabrechnung und weiteren Unterlagen erhalten Sie folgende Informationen:

- Gebäude (erstellt vor 10 Jahren), Kosten laut Bauabrechnung 4'800.
- Für die zukünftigen Abschreibungen sind 2% vom Anschaffungswert des Gebäudes zu berücksichtigen.

2. Erläuterungen zu einzelnen Erfolgspositionen

2.1 Personalaufwand

Für den Hauptaktionär, welcher teilweise als Geschäftsleiter figurierte, wurden pro Jahr Personalaufwendungen von 600 inkl. Personalvorsorge verbucht. Ein externer Geschäftsleiter würde ca. 300 kosten.

2.2 Übriger Betriebsaufwand

Im Jahr xx3 sind in den Gesamtaufwendungen ausserordentliche Reparaturkosten von 100 enthalten.

2.3 Werbung, Marketing

Um den Marktanteil zu erhöhen, wurde im Jahr xx1 eine einmalige Werbekampagne (Bandenwerbung an Sportanlässen, Wettbewerb usw.) durchgeführt. Gemäss Angaben betrugen die Aufwendungen dafür rund 200.

2.4 Kapitalzinsen

In den Kapitalzinsen sind die Zinsen für das Bankkontokorrent und die Hypothek des Fabrikgebäudes enthalten. Die Hypothekarzinsen für das Wohngebäude wurden unter Liegenschaftserfolg verbucht.

2.5 Weitere Angaben

- Der Steuersatz für zukünftige Steuern beträgt 20% (darin ist bereits berücksichtigt, dass die Steuern abzugsfähig sind).
- Für die Ermittlung des nachhaltigen Zukunftsgewinnes wird als Basis der Durchschnitt der letzten 3 Jahre als bereinigtes Rohergebnis verwendet.
- Für die Ermittlung des Ertragswertes wird ein Zinssatz von 12% angewendet, Basis Netto-Unternehmenswert = Eigenkapitalkostensatz.

Aufgaben

In der bereinigten Erfolgsrechnung ist die Veränderung der Warenreserven zu berücksichtigen:

Warenreserven	xx0	xx1	xx2	xx3
– Steuerlich privilegierte Warenreserve				
– Versteuerte Reserve				
Total stille Reserven auf Warenvorräten				
Auflösung Warenreserve/Veränderung Vorjahr				
Bildung von Warenreserve/Veränderung Vorjahr				

Für die Ermittlung des betrieblichen Ertragswertes sind die Erfolgsrechnungen zu bereinigen, der Durchschnitt zu berechnen und die zukünftigen Abschreibungen und Steuern zu berücksichtigen:

Erfolgsrechnungen bereinigt	xx1	xx2	xx3	Durch-schnitt
Ausgewiesener Gewinn	1'280	1'080	1'100	
Liegenschaftserfolg Wohnhaus				
Dividenden Beteiligung				
Veränderung Warenreserven				
Ersatz Geschäftsleiter				
Ausserordentliche Reparatur				
Ausserordentliche Vertriebskosten				
Abschreibungen				
Steuern				
Bereinigtes Rohergebnis				
Zukünftige Abschreibungen				
Zukünftiger Gewinn vor Steuern				
20% Steuern				
Nachhaltiger Zukunftsgewinn				

Nachhaltiger Zukunftsgewinn (gemäss obiger Berechnung)
Ertragswert = ... mit 12% kapitalisiert = ... : 12 x 100

6.11 Fragen zum Substanzwert und Ertragswert

a) Substanzwert

Bei der Berechnung des Netto-Substanzwertes ist

I. das betriebliche Anlagevermögen zu Reproduktionskosten zu berücksichtigen;
II. das betriebsfremde Vermögen zu Marktwerten zu berücksichtigen;
III. das Fremdkapital zu Marktwerten vom Brutto-Substanzwert zu subtrahieren;

IV. die latente Steuer auf dem betriebsnotwendigen Vermögen mit dem ganzen Gewinnsteuersatz zu berücksichtigen.

Richtig

A	Die Antworten I und IV sind korrekt.	☐
B	Die Antworten I, II und III sind korrekt.	☐
C	Die Antworten I, II, III und IV sind korrekt.	☐
D	Die Antworten I und III sind korrekt.	☐

b) Ertragswert

Bei der Berechnung des Ertragswertes

I. wird angenommen, dass der zukünftige Gewinn immer gleich bleibt;
II. wird mit der Netto-Methode (Equity-Approach) der genauere Unternehmenswert berechnet als mit der Brutto-Methode (Entity-Approach);
III. spielt die Veränderung der Rückstellung für latente Steuern keine Rolle;
IV. bildet das Resultat (Ertragswert) einen wesentlichen Bestandteil bei Anwendung der Praktiker-Methode.

Richtig

A	Die Antworten I und III sind korrekt.	☐
B	Die Antworten I, II und III sind korrekt.	☐
C	Die Antworten I und IV sind korrekt.	☐
D	Die Antworten II und III sind korrekt.	☐

6.12 Latente Steuern / Unternehmenswert Praktiker- und Übergewinn-Methode

Es sind die latenten Steuern und die Auswirkungen auf den Unternehmenswert aufzuzeigen. Berechnen Sie den Netto-Substanzwert, den Ertragswert, den Unternehmenswert nach der Praktiker-Methode und der verkürzten Goodwill-Rentendauer.

6 Gesamtaufgaben

Aktiven	xx0	xx1	Passiven	xx0	xx1
Umlaufvermögen	1'100	1'200	Fremdkapital	1'700	1'900
Anlagevermögen	2'100	2'300	Eigenkapital	1'500	1'600
Total	**3'200**	**3'500**		**3'200**	**3'500**

- Im Umlaufvermögen hat es im Jahre xx0 stille unversteuerte Reserven von 200, im Jahre xx1 solche von 220. Im Anlagevermögen hat es im Jahr xx0 stille Reserven von 200, im Jahre xx1 solche von 220.
- Im Jahre xx1 wurden ein Gewinn von 220 ausgewiesen und Fremdkapitalzinsen von 65 verbucht.
- Es wird mit einem Steuersatz von 30% gerechnet (die Steuern sind als Aufwand abzugsfähig; d.h. im Hundert rechnen).
- Der Eigenkapitalkostensatz beträgt 12%; der Gesamtkapitalkostensatz 7.95%.

Aufgaben

Ergänzen Sie folgende Aufstellungen:

Latente Steuern		
Betriebliche stille Reserven xx0		
Betriebliche stille Reserven xx1		
Veränderung Rückstellung latente Steuern		

Netto-Substanzwert		xx1
Ausgewiesenes Eigenkapital		1'600
Stille Reserven		
– Latente Steuern		
Total Netto-Substanzwert		

Brutto-Substanzwert		xx1
Ausgewiesene Aktiven		3'500
Stille Reserven (latente Steuern berücksichtigen)		
Total Brutto-Substanzwert		
– Fremdkapital		–1'900
Total Netto-Substanzwert		

6.12 Latente Steuern / Unternehmenswert Praktiker- und Übergewinn-Methode

Effektiver Gewinn	xx1
Ausgewiesener Gewinn	220
Zunahme stille Reserven	
Zwischentotal	
– Zunahme Rückstellung latente Steuern	
Effektiver Reingewinn	
+ Zinsen	
Effektiver Gewinn vor Zinsen nach Steuern	

Unternehmenswert Praktiker-Methode	Netto	xx1
Substanzwert netto		
Ertragswert netto		
Ertragswert netto		
Total		
Netto-Unternehmenswert	...... : 3 =	

Unternehmenswert Praktiker-Methode	Brutto	xx1
Substanzwert brutto		
Ertragswert brutto		
Ertragswert brutto		
Total		
Brutto-Unternehmenswert	...... : 3 =	
– Fremdkapital		–1'900
Netto-Unternehmenswert		

Unternehmenswert netto nach dem Übergewinnverfahren/Goodwill-Rentendauer: Substanzwert + (Reingewinn – SW x Kapitalkostensatz EK) x Rentenbarwertfaktor

SW = Substanzwert
EK = Eigenkapital

Unternehmenswert Goodwill-Rentendauer	Netto	xx1
Effektiver Reingewinn		
– Substanzwert x Eigenkapitalkosten-Satz	...... x 12%	
Übergewinn		

Unternehmenswert Goodwill-Rentendauer	Netto	xx1
Barwerte der Übergewinne Jahr 1–5	…… x 3.605	
+ Substanzwert netto		
Netto-Unternehmenswert		

Unternehmenswert Goodwill-Rentendauer	Brutto	xx1
Effektiver Reingewinn vor Zinsen		
– Substanzwert x Gesamtkapitalkosten-Satz	…… x 7.95%	
Übergewinn		

Unternehmenswert Goodwill-Rentendauer	Brutto	xx1
Barwerte der Übergewinne Jahr 1–5	…… x 3.997	
+ Substanzwert Brutto		
Brutto-Unternehmenswert		
– Fremdkapital		
Netto-Unternehmenswert		

Der Unternehmenswert beträgt ca. CHF …,
die Bandbreite zwischen CHF … und …

6.13 Unternehmenswert nach der Praktiker-Methode

Die Schmid AG ist nach der Praktiker-Methode zu bewerten. Es liegen folgende Angaben vor:

Bilanz und Erfolgsrechnung:

Aktiven	xx2	xx1	Passiven	xx2	xx1
Umlaufvermögen	2'900	2'800	Verpflichtungen aus LL	900	800
Anlagevermögen	5'000	5'000	Darlehen	4'000	4'000
Neutrales Vermögen	1'000	1'000	Eigenkapital	4'000	4'000
Total Aktiven	**8'900**	**8'800**	**Total Passiven**	**8'900**	**8'800**

6.13 Unternehmenswert nach der Praktiker-Methode

Erfolgsrechnung	xx2
Umsatzerlös	6'400
Neutraler Ertrag	100
Total Ertrag	**6'500**
− Ausgaben (ohne Zinsen)	−4'600
− Abschreibungen	−1'000
EBIT/Gewinn vor Zinsen und Steuern	**900**
− Fremdkapitalzinsen	−240
Gewinn vor Steuern	**660**
− Steuern 30%	−198
Reingewinn	**462**

- Das neutrale Vermögen inkl. neutraler Ertrag ist nicht betriebsnotwendig. Der Marktwert des neutralen Vermögens beträgt xx1 und xx2 je 1'100. Das neutrale Vermögen wird mit Eigenkapital finanziert.
- Im Anlagevermögen sind stille Reserven vorhanden: xx1 = 400, xx2 = 440.
- Gewinnsteuersatz 30%. Im Steuersatz ist berücksichtigt, dass die Steuern abzugsfähig sind, es ist daher nicht im Hundert zu rechnen.
- Zins für das Gesamtkapital 7.857% (inkl. Verpflichtungen aus LL)
- Kostensatz Eigenkapital 12%
- Die Veränderung der latenten Steuern ist nicht zu berücksichtigen.

Aufgaben

a) Bereinigen Sie die Bilanz und Erfolgsrechnung für das Jahr xx2:

Nicht betriebsnotwendiges Vermögen	Buchwert	Unverst. Reserven	Rückst. Steuern	Marktwert nach Steuern
Neutrales Vermögen	1'000			
Rückstellung latente Steuern 30%				
Nicht betriebliche Netto-Substanz	**1'000**			

Für die Ermittlung des betrieblichen Substanzwertes, nach Berücksichtigung von latenten Steuern, sind die Werte zusammenzustellen:

Betriebsnotwendiges Vermögen	Buchwert	Stille Reserven	Rückst. Steuern	Substanzwert nach Steuern
Umlaufvermögen	2'900			
Anlagevermögen	5'000			
Brutto-Substanz betrieblich	**7'900**			
Verpflichtungen aus LL	900			
Darlehen	4'000			
Rückstellung latente Steuern (1/2 Steuersatz)				
Betriebliche Netto-Substanz	**3'000**			

Für die Ermittlung des betrieblichen Ertragswertes ist die Erfolgsrechnung zu bereinigen (ohne neutraler Ertrag):

Erfolgsrechnung bereinigt	xx2	Veränd. stille Res.	ER bereinigt
Umsatzerlös	6'400		
Neutraler Ertrag	100		
Total Ertrag	**6'500**		
– Ausgaben (ohne Zinsen)	–4'600		
– Abschreibungen	–1'000		
EBIT/Gewinn vor Zinsen und Steuern	**900**		
– Fremdkapitalzinsen	–240		
Gewinn vor Steuern	**660**		
– Steuern 30%	–198		
Reingewinn	**462**		

6.13 Unternehmenswert nach der Praktiker-Methode

b) Berechnen Sie den Unternehmenswert nach der Netto-Methode (1 x Substanzwert, 2 x Ertragswert = Praktiker-Methode):

Ertragswert netto: ...

Nun können Sie den Unternehmenswert nach der Praktiker-Methode berechnen: 1 x Substanzwert + 2 x Ertragswert : 3

Netto-Substanzwert	
Ertragswert	
Ertragswert	
Total	
Unternehmenswert betrieblich netto (Total: 3)	
Marktwert des nicht betrieblichen Vermögen	
Gesamt-Unternehmenswert netto	

c) Berechnen Sie den Unternehmenswert nach der Brutto-Methode (1 x Substanzwert, 2 x Ertragswert = Praktiker-Methode):

Nicht betriebsnotwendiges Vermögen	Buchwert	Stille unverst. Reserven	Rückst. Steuern	Marktwert nach Steuern
Neutrales Vermögen	1'000			
Rückstellung latente Steuern				
Netto-Substanz nicht betrieblich	**3'530**			

Für die Ermittlung des betrieblichen Substanzwertes, nach Berücksichtigung von latenten Steuern, sind die Werte zusammenzustellen:

Betriebsnotwendiges Vermögen	Buchwert	Stille Reserven	Rückst. Steuern	Substanzwert nach Steuern
Umlaufvermögen	2'900			
Anlagevermögen	5'000			
Brutto-Substanz betrieblich	**7'900**			

Für die Ermittlung des betrieblichen Ertragswertes ist die Erfolgsrechnung zu bereinigen:

Erfolgsrechnung bereinigt	xx2	Veränd. stille Reserven	ER bereinigt
Umsatzerlös	6'400		
Neutraler Ertrag	100		
Total Ertrag	**6'500**		
– Ausgaben (ohne Zinsen)	–4'600		
– Abschreibungen	–1'000		
EBIT/Gewinn vor Zinsen und Steuern	**800**		
– Fremdkapitalzinsen	–240		
Gewinn vor Steuern	**560**		
– Steuern 30%	–168		
Bereinigtes Ergebnis	**392**		
+ Zinsen			
Gewinn nach Steuern vor Zinsen			

Ertragswert brutto: ...

Nun können Sie den Unternehmenswert nach der Praktiker-Methode (1 x Substanzwert + 2 x Ertragswert : 3) berechnen:

Brutto-Substanzwert	
Ertragswert brutto	
Ertragswert brutto	
Total	
Unternehmenswert betrieblich brutto (Total: 3)	
– Fremdkapital	
Unternehmenswert betrieblich netto	
Marktwert des nicht betrieblichen Vermögens	
Gesamt-Unternehmenswert netto	

6.14 Unternehmenswert nach der Übergewinn-Methode

Die Schmid AG ist nach der Übergewinn-Methode zu bewerten. Es liegen folgende Angaben vor (analog der Aufgabe 6.13 ohne neutrales Vermögen):

Bilanz und Erfolgsrechnung:

Aktiven	xx2	xx1	Passiven	xx2	xx1
Umlaufvermögen	2'900	2'800	Verpflichtungen aus LL	900	800
Anlagevermögen	5'000	5'000	Darlehen	4'000	4'000
			Eigenkapital	3'000	3'000
Total Aktiven	**7'900**	**7'800**	**Total Passiven**	**7'900**	**7'800**

Erfolgsrechnung	xx2
Umsatzerlös	6'400
– Ausgaben (ohne Zinsen)	–4'600
– Abschreibungen	–1'000
EBIT/Gewinn vor Zinsen und Steuern	**800**
– Fremdkapitalzinsen	–240
Gewinn vor Steuern	**560**
– Steuern 30%	–168
Reingewinn	**392**

- Im Anlagevermögen sind stille Reserven vorhanden: xx1 = 400, xx2 = 440.
- Gewinnsteuersatz 30%. Im Steuersatz ist berücksichtigt, dass die Steuern abzugsfähig sind, es ist daher nicht im Hundert zu rechnen.
- Zins für das Gesamtkapital 7.857% (inkl. Verpflichtungen aus LL).
- Kostensatz Eigenkapital 12%.
- Es wird angenommen, dass der Übergewinn «ewig» erzielt werden kann.
- Die Veränderung der latenten Steuern ist nicht zu berücksichtigen.

Aufgaben

a) Bereinigen Sie die Bilanz und Erfolgsrechnung für das Jahr xx2.

Beim betrieblichen Substanzwert sind die latenten Steuern zu berücksichtigen:

Betriebsnotwendiges Vermögen	Buchwert	Stille Reserven	Rückst. Steuern	Substanzwert nach Steuern
Umlaufvermögen	2'900			
Anlagevermögen	5'000			
Brutto-Substanz betrieblich	**7'900**			
Verpflichtungen aus LL	900			
Darlehen	4'000			
Rückst. latente Steuern (1/2 Steuersatz)				
Betriebliche Netto-Substanz	**3'000**			

Die Erfolgsrechnung ist zu bereinigen:

Erfolgsrechnung bereinigt	xx2	Veränd. stille Res.	ER bereinigt
Umsatzerlös	6'400		
– Ausgaben (ohne Zinsen)	–4'600		
– Abschreibungen	–1'000		
EBIT/Gewinn vor Zinsen und Steuern	**800**		
– Fremdkapitalzinsen	–240		
Gewinn vor Steuern	**560**		
– Steuern 30%	–168		
Reingewinn	**392**		

6.14 Unternehmenswert nach der Übergewinn-Methode

b) Berechnen Sie den Unternehmenswert nach der Netto-Methode.

Unternehmenswert nach dem Übergewinnverfahren/Goodwill-Rentendauer netto:
Substanzwert + (Reingewinn − SW x Kapitalkostensatz EK) x Rentenbarwertfaktor, da hier der Übergewinn «ewig» erzielt wird, kann der Ertragswert des Übergewinns berücksichtigt werden.

Unternehmenswert Goodwill-Rentendauer	Netto	xx2
Effektiver Reingewinn		
− Substanzwert x Eigenkapitalkosten-Satz		
Übergewinn		

Unternehmenswert Goodwill-Rentendauer	Netto	xx2
Barwerte der Übergewinne Jahr 1–100		
Substanzwert netto		
Netto-Unternehmenswert		

c) Berechnen Sie den Unternehmenswert nach der Brutto-Methode.

Für die Brutto-Methode ist der Brutto-Substanzwert und der Gewinn nach Steuern, vor Zinsen zu ermitteln:

Für die Ermittlung des betrieblichen Brutto-Substanzwertes, nach Berücksichtigung von latenten Steuern, sind die Werte zusammenzustellen:

Betriebsnotwendiges Vermögen	Buchwert	Stille Reserven	Rückst. Steuern	Substanzwert nach Steuern
Umlaufvermögen	2'900			
Anlagevermögen	5'000			
Brutto-Substanz betrieblich	**7'900**			

6 Gesamtaufgaben

Für die Brutto-Methode ist der Gewinn vor Zinsen und nach Steuern zu ermitteln. Als Basis kann die bereinigte Erfolgsrechnung gemäss der Netto-Methode verwendet werden:

Erfolgsrechnung bereinigt	ER bereinigt
Bereinigtes Ergebnis*	
+ Zinsen	
Gewinn nach Steuern vor Zinsen	

* Berechnung siehe oben (Netto-Methode).

Unternehmenswert nach dem Übergewinnverfahren/Goodwillrentendauer brutto:
Substanzwert + (Reingewinn – SW x Kapitalkostensatz EK) x Rentenbarwertfaktor, da hier der Übergewinn «ewig» erzielt wird, kann der Ertragswert des Übergewinns berücksichtigt werden.

Unternehmenswert Goodwill-Rentendauer	Brutto	xx2
Effektiver Reingewinn vor Zinsen		
– Substanzwert x Gesamtkapitalkosten-Satz		
Übergewinn		

Unternehmenswert Goodwill-Rentendauer	Brutto	xx2
Barwerte der Übergewinne Jahr 1–100		
+ Substanzwert brutto		
Brutto-Unternehmenswert		
– Fremdkapital		
Netto-Unternehmenswert		

6.15 Praktiker-Methode und Goodwill-Rentendauer

Berechnen Sie anhand der folgenden Angaben den Unternehmenswert nach der Praktiker-Methode (1 x Substanzwert plus 2 x Ertragswert : 3) und auf Basis der Goodwill-Rentendauer.

a) Angaben zu den Bilanzen Jahr xx1 und xx2 / Berechnung Substanzwert:
   - Die ausgewiesenen Zahlen sind Buchwerte.
   - Bei den Vorräten wurde jeweils die steuerlich mögliche Reservebildung von 1/3 vorgenommen.
   - Der Reproduktionskostenwert der Sachanlagen beträgt per Ende Jahr xx2 = 470 und per Ende Jahr xx1 = 440.
   - Für latente Steuern auf unversteuerten stillen Reserven ist keine Rückstellung zu berücksichtigen.

b) Angaben zur Erfolgsrechnung:
   - Der ausgewiesene Reingewinn für das Jahr xx2 beträgt 40. Der Eigenkapital-Kostensatz beträgt 10%.

c) Angaben zur Berechnung des Unternehmenswertes nach dem Übergewinnverfahren/Goodwill-Rentendauer:
   - Die Formel lautet wie folgt:

     SW + (Reingewinn – SW x Kapitalkostensatz EK) x Rentenbarwertfaktor

     SW = Substanzwert netto
   - Es wird mit einer Goodwill-Rentendauer von 5 Jahren gerechnet. Bei einem Zinssatz von 10% beträgt der Rentenbarwertfaktor 3.791.

Aktiven	xx1	xx2	Passiven	xx1	xx2
Liquide Mittel	70	60	Verpflichtungen aus LL	230	210
Forderungen aus LL	140	120	Darlehen	400	380
Vorräte	210	200			
Sachanlagen	360	380	Eigenkapital	150	170
Total Aktiven	**780**	**760**	**Total Passiven**	**780**	**760**

Aufgaben

Bereinigen Sie die Bilanzen der Jahre xx1 und xx2 und ermitteln Sie die Veränderung der stillen Reserven:

Bilanzen	xx1 Buchwert	Stille Res.	xx1 intern	xx2 Buchwert	Stille Res.	xx2 intern
Liquide Mittel	70		70	60		60
Forderungen aus LL	140		140	120		120
Vorräte	210			200		
Sachanlagen	360			380		
Total Aktiven	**780**			**760**		
Verpflichtungen aus LL	230		230	210		210
Darlehen	400		400	380		380
Eigenkapital						
Stille Reserven						
Total Passiven						

Bestimmen Sie den Ertragswert: ...

Nun können Sie den Unternehmenswert nach der Praktiker-Methode (1 x Substanzwert + 2 x Ertragswert : 3) berechnen:

Netto-Substanzwert	
Ertragswert	
Ertragswert	
Total	
Unternehmenswert betrieblich netto (Total : 3)	

Unternehmenswert nach dem Übergewinnverfahren/Goodwill-Rentendauer:
SW + (Reingewinn − SW x Kapitalkostensatz EK) x Rentenbarwertfaktor:

SW = Substanzwert
EK = Eigenkapital

Reingewinn	
− SW x Kapitalkostensatz = ……	
Übergewinn	
(Reingewinn − SW x Kapitalkostensatz EK) x Rentenbarwertfaktor = ……	
SW netto	
Unternehmenswert betrieblich netto	

6.16 Fragen zur Praktiker- und Übergewinn-Methode

a) Praktiker-Methode

Aussagen zur Praktiker-Methode:

I. In der Schweiz wird die Praktiker-Methode u.a. im steuerlichen Bereich und bei der Bewertung von KMU angewendet.

II. Da der Substanzwert nur mit einem kleinen Teil im Unternehmenswert berücksichtigt wird, ist der Ertragswert zwei Mal zu gewichten.

III. Liegt der Ertragswert unter dem Substanzwert, ist der Zins zu erhöhen.

IV. Bei Anwendung von dynamischen Methoden (DCF und EVA) wird die Praktiker-Methode nicht eingesetzt.

		Richtig
A	Die Antworten I, II, III und IV sind korrekt.	☐
B	Die Antworten I und IV sind korrekt.	☐
C	Die Antworten I und II sind korrekt.	☐
D	Die Antworten III und IV sind korrekt.	☐

b) Übergewinn-Methode

Aussagen zur Übergewinn-Methode:

I. Das Übergewinn-Verfahren wird bei der Bewertung von Versicherungen angewendet.

II. Der «ewige» Übergewinn wird im Sinne eines Goodwills kapitalisiert.

III. Das Übergewinn-Verfahren zeigt eine Verbindung zwischen investiertem Kapital (Substanzwert) und Ertrag.

IV. Bei Anwendung des Übergewinn-Verfahrens wird der Ertragswert berücksichtigt.

Richtig

A Die Antworten I, II, und IV sind korrekt. ☐
B Die Antworten III und IV sind korrekt. ☐
C Die Antworten I und II sind korrekt. ☐
D Die Antworten II und III sind korrekt. ☐

6.17 Anwendung Praktiker- und Übergewinn-Methode

Bilanz und Erfolgsrechnung:

Aktiven		Passiven	
Umlaufvermögen	5'400	Verpflichtungen aus LL	2'200
Anlagevermögen	9'000	Darlehen	6'200
		Eigenkapital	6'000
Total Aktiven	**14'400**	**Total Passiven**	**14'400**

6.17 Anwendung Praktiker- und Übergewinn-Methode

Erfolgsrechnung	
Umsatzerlös	9'500
– Ausgaben (ohne Zinsen)	–6'600
– Abschreibungen	–1'700
EBIT/Gewinn vor Zinsen und Steuern	**1'200**
– Fremdkapitalzinsen	–320
Gewinn vor Steuern	**880**
– Steuern 25%	–220
Reingewinn	**660**

- Kostensatz Eigenkapital 10%.

Aufgaben

a) Praktiker-Methode (1 x Substanzwert + 2 x Ertragswert : 3)

Richtig

A   Der Unternehmenswert beträgt 6'300.   ☐
B   Der Unternehmenswert beträgt 6'400.   ☐
C   Der Unternehmenswert beträgt 6'483.   ☐
D   Der Unternehmenswert beträgt 6'500.   ☐

b) Übergewinn-Methode (Goodwill-Rentendauer 12 Jahre)

Richtig

A   Der Unternehmenswert beträgt 6'384.   ☐
B   Der Unternehmenswert beträgt 6'600.   ☐
C   Der Unternehmenswert beträgt 6'409.   ☐
D   Der Unternehmenswert beträgt 6'500.   ☐

6.18 Discounted-Cashflow-Methode (DCF-Methode) CAMA AG

Die CAMA AG ist ein schweizerisches Elektrounternehmen, in dem Schalter, Kabel und Leitungen für Elektrizitätswerke und für Elektrogeschäfte hergestellt werden. Sie hat sich in den letzten Jahren kontinuierlich entwickelt. Die erarbeiteten Ergebnisse der letzten Jahre sind gut.

Der bisherige Alleinaktionär ist gestorben, und die Witwe möchte das Unternehmen möglichst rasch verkaufen. Die leitenden Mitarbeiter wären bereit, in einem Management-Buy-out (MBO) die CAMA AG zu erwerben. Im Rahmen dieses MBO werden Sie beauftragt, den Wert der Unternehmen nach der DCF-Methode zu ermitteln. Bewertungsstichtag ist der letzte Abschluss.

Als Grundlage stehen Ihnen die letzte Bilanz, die Plan-Erfolgsrechnungen und die Investitionsplanung für die kommenden 5 Jahre zur Verfügung.

Aktiven	xx0	Passiven	xx0
Liquide Mittel	1'170	Verpflichtungen aus LL	3'510
Forderungen aus LL	5'730	Hypotheken	6'100
Warenvorräte	4'800	Darlehen	1'210
Maschinen und Mobilien	1'800	Aktienkapital	6'000
Fabrikgebäude inkl. Grundstück	4'650	Offene Reserven	4'800
Verwaltungsgebäude	4'830	Bilanzgewinn	1'360
Total Aktiven	**22'980**	**Total Passiven**	**22'980**

Weitere Angaben

- Die Bilanzwerte können, soweit notwendig, für die Berechnungen des Unternehmenswertes verwendet werden.
- Der Gesamtkapitalkostensatz beträgt 8%; die Abzinsungsfaktoren sind in der Tabelle Berechnung der Barwerte bereits angegeben.
- Gemäss dem in der Praxis verwendeten DCF-Verfahren ist nebst den Barwerten des Free Cashflows und des Residualwertes das verzinsliche Fremdkapital per Bewertungsstichtag zu berücksichtigen.
- Für den Zeitraum nach dem Jahre xx5 wird ein Nullwachstum angenommen. Basis für die Berechnung des Residualwertes (Jahr xx6 bis x99).
- Der Marktwert der Finanzschulden entspricht dem Buchwert des verzinslichen Fremdkapitals gemäss der letzten Bilanz Jahr xx0.

6.18 Discounted-Cashflow-Methode (DCF-Methode) CAMA AG

- Es wird angenommen, dass die Steuern gleich bleiben (keine separate Berechnung der Steuern von EBIT notwendig).

Plan-Erfolgsrechnungen:

Plan-Erfolgsrechnungen	xx1	xx2	xx3	xx4	xx5	Res.-wert
Ertrag						
Erlös aus Warenverkauf	41'500	41'600	41'700	41'800	41'800	41'800
Aufwand						
Warenaufwand	−8'800	−8'800	−8'900	−9'000	−9'000	−9'000
Personalaufwand	−20'000	−19'900	−19'800	−19'700	−19'600	−19'600
Übriger Betriebsaufwand	−6'900	−6'900	−6'800	−6'900	−7'000	−7'000
Abschreibungen	−1'600	−1'600	−1'600	−1'500	−1'500	−1'500
Verwaltungsaufwand	−1'200	−1'200	−1'000	−1'100	−1'100	−1'100
Werbung, Marketing	−1'000	−1'100	−1'500	−1'500	−1'500	−1'500
Gewinn vor Zinsen vor Steuern	**2'000**	**2'100**	**2'100**	**2'100**	**2'100**	**2'100**
Kapitalzinsen	−700	−800	−750	−700	−700	−700
Gewinn nach Zinsen vor Steuern	**1'300**	**1'300**	**1'350**	**1'400**	**1'400**	**1'400**
Steuern	−330	−330	−340	−350	−350	−350
Geplante Reingewinne	**970**	**970**	**1'010**	**1'050**	**1'050**	**1'050**

Investitionsplan:

Investitionsplan	xx1	xx2	xx3	xx4	xx5	Res.-wert
Investitionen	3'000	1'500	1'500	1'500	1'500	1'500

Veränderung/Zunahme Netto-Umlaufvermögen (Working Capital):

	xx1	xx2	xx3	xx4	xx5	Res.-wert
Zunahme NUV	164	167	170	174	177	0

6 Gesamtaufgaben

Aufgaben

- Berechnung des Free Cashflows:

    Ausgehend vom Reingewinn sind die Abschreibungen und die Fremdkapitalzinsen (Gesamtkapitalkostensatz = Brutto-Methode) dazuzuzählen = Betrieblicher Cashflow. Abzüglich Investitionen und Veränderung des Working Capital ergibt den Free Cashflow.

	xx1	xx2	xx3	xx4	xx5	Res.-wert
Reingewinn	970	970	1'010	1'050	1'050	1'050
+ Zinsen						
+ Abschreibungen						
Brutto Cashflow						
– Investitionen						
+/– Veränderung NUV						
Free Cashflow						

- Berechnung der Barwerte des Free Cashflows und des Residualwertes:

	xx1	xx2	xx3	xx4	xx5	Total
Free Cashflow						
Barwert Faktor 8%	0.926	0.857	0.794	0.735	0.681	
Barwert (gerundet)	*					

- Berechnung des Barwertes des Residualwertes:

«Ewiger» Free Cashflow/NOPAT	
«Ertragswert»/Kapitalwert des Free Cashflows = ... : 8 x 100 =	
Berechnung Residualwert = ... x 0.681* =	

* Hier kann der Abzinsungsfaktor des letzten Jahres vor der Kolonne Residualwert (in diesem Beispiel von Jahr 5 = 0.681) für die Berechnung des Residualwertes verwendet werden.

- Berechnung Unternehmenswert:

Barwerte der einzelnen Free Cashflows/Jahre xx1–xx5	
Residualwert/Barwert des «ewigen» Free Cashflows	
Brutto-Unternehmenswert	
− Finanzschulden	
Netto-Unternehmenswert	

6.19 Unternehmenswert nach der DCF- und der Praktiker-Methode

Die Crea Timing AG ist im Bereich Zeiterfassungssysteme tätig und hat sich eine ansprechende Marktposition aufgebaut. Für den weiteren Ausbau benötigt sie einen starken Partner und gelangt an den Verwaltungsratspräsidenten der Maco AG. Die Maco AG ist eine Holding-Gesellschaft, besitzt verschiedene Beteiligungen und wäre allenfalls bereit, zur Ergänzung ihres Beteiligungsportefeuilles die Crea Timing AG zu erwerben.

Sie sind Controller der Maco AG und erhalten vom Verwaltungsratspräsidenten den Auftrag, für das bevorstehende erste Gespräch mit der Crea Timing AG summarisch den Unternehmenswert der Crea Timing zu ermitteln. Sie erhalten von ihm folgende Angaben:

Letzte Bilanz xx0:

Aktiven		Passiven	
Liquide Mittel	300	Verpflichtungen aus LL	1'500
Forderungen aus LL	2'000	Darlehen	2'000
Vorräte	2'000		
Sachanlagen	4'500	Eigenkapital	5'300
Total Aktiven	**8'800**	**Total Passiven**	**8'800**

Plandaten:

- Investitionsplan: Geplante Investitionen in den nächsten 3 Jahren:

    Jahr xx1 = 2'800 / Jahr xx2 = 1'130 / Jahr xx3 = 770

    Ab dem Jahre xx4 sollen sich die Neuinvestitionen im Rahmen der geplanten Abschreibungen bewegen. Es ist vorgesehen, jährlich 10% des Buchwertes der Anlagen abzuschreiben. Es wird bereits im gleichen Jahr der Anschaffung abgeschrieben.

- Finanzierungsplan: Geplante verzinsliche Passiven (Ende Jahr):

  Jahr xx1 = 4'000 / Jahr xx2 = 3'600 / Jahr xx3 = 3'000

  Ab dem Jahre xx4 soll die Finanzierung stabil bleiben. Für die Planung wird mit einem Zinssatz von einheitlich 5% gerechnet. Basis für die Zinsberechnung bildet der jeweilige Anfangsbestand des entsprechenden Jahres.

- Erfolgsplan: Geplante zukünftige Gewinne:

  Jahr xx1 = 600 / Jahr xx2 = 700 / Jahr xx3 = 800

  Ab dem Jahre xx4 wird mit einem stabilen nachhaltigen Gewinn von 750 pro Jahr gerechnet.

- Es sind keine Steuern bzw. steuerlichen Aspekte zu berücksichtigen.

- Der geplante Bestand des Netto-Umlaufvermögens wird ansteigen (gemäss den budgetierten Umsatzsteigerungen). Es wird angenommen, dass sich der Endbestand wie folgt verändert:

Jahre	xx0	xx1	xx2	xx3
Veränderung NUV		+33	−75	−100

+ = Zunahme NUV
− = Abnahme NUV

Ab dem Jahre xx4 wird keine Veränderung mehr erwartet.

- Die Maco AG berechnet ihren Beteiligungsgesellschaften jährlich pauschal eine Management-Entschädigung von 100 (sind in obigen Planzahlen nicht enthalten) und erwartet eine Gesamtkapitalrendite von 8%.

Aufgaben

a) Berechnen Sie den Unternehmenswert nach der DCF-Methode.

Berechnen der Abschreibungen:

Jahre	xx0	xx1	xx2	xx3
Anfang Jahr				
+ Investitionen				
Zwischentotal				
− Abschreibungen				
Ende Jahr		4'500		6'930

6.19 Unternehmenswert nach der DCF- und der Praktiker-Methode

Berechnen der Veränderung des NUV

Jahre	xx0	xx1	xx2	xx3

Berechnen der Fremdkapitalzinsen:

Jahre	xx1	xx2	xx3	xx4 ff.
Anfangsbestand verzinsliche Passiven				
5% Zinsen				

Berechnung Free Cashflow:

Jahre	xx1	xx2	xx3	xx4 ff.
Reingewinn				
+ Zinsen				
− Managementgebühr				
NOPAT				
+ Abschreibungen				
Cashflow				
− Investitionen				
−/+ Veränderung NUV				
Free Cashflow				
Barwertfaktoren 8%	0.926	0.857	0.794	
«Ertragswert» xx4 ff.				
Barwert				
Brutto-Unternehmenswert				
− Verzinsliches Fremdkapital				
Netto-Unternehmenswert				

b) Berechnen Sie den Unternehmenswert nach der Praktiker-Methode (1 × Substanzwert und 2 × Ertragswert : 3). Für die Ermittlung des Ertragswertes kann der Durchschnitt der Plan-Jahre xx1 bis xx3 verwendet werden.

Berechnen des durchschnittlichen Gewinns, des Ertragswerts und des Unternehmenswerts:

Jahre	xx1	xx2	xx3	Durchschnitt
Reingewinn	600	700	800	
+ Zinsen				
− Managementgebühr				
Gewinn vor Zinsen				
Ertragswert brutto				
Ertragswert brutto				
Ertragswert brutto				
Substanzwert brutto				
Total			: 3 =	
− Fremdkapital				−3'500
Netto-Unternehmenswert				

6.20 EVA-Methode CAMA AG

Die CAMA AG ist ein schweizerisches Elektrounternehmen, in dem Schalter, Kabel und Leitungen für Elektrizitätswerke und für Elektrogeschäfte hergestellt werden. Sie hat sich in den letzten Jahren kontinuierlich entwickelt. Die erarbeiteten Ergebnisse der letzten Jahre sind gut.

Der bisherige Alleinaktionär ist gestorben, und die Witwe möchte das Unternehmen möglichst rasch verkaufen. Die leitenden Mitarbeiter wären bereit, in einem Management-Buy-out (MBO) die CAMA AG zu erwerben. Im Rahmen dieses MBO werden Sie beauftragt, den Wert der Unternehmen nach der EVA-Methode zu ermitteln. Bewertungsstichtag ist der letzte Abschluss.

Als Grundlage stehen Ihnen die letzte Bilanz, die Plan-Erfolgsrechnungen und die Investitionsplanung für die kommenden 5 Jahre zur Verfügung.

6.20 EVA-Methode CAMA AG

Aktiven	xx0	Passiven	xx0
Liquide Mittel	1'170	Verpflichtungen aus LL	3'510
Forderungen aus LL	5'730	Hypotheken	6'100
Warenvorräte	4'800	Darlehen	1'210
Maschinen und Mobilien	1'800	Aktienkapital	6'000
Fabrikgebäude inkl. Grundstück	4'650	Offene Reserven	4'800
Verwaltungsgebäude	4'830	Bilanzgewinn	1'360
Total Aktiven	**22'980**	**Total Passiven**	**22'980**

Weitere Angaben

- Die Bilanzwerte können für die Berechnungen des Unternehmenswertes verwendet werden.
- Der Gesamtkapitalkostensatz beträgt 8%; die Abzinsungsfaktoren sind in der Tabelle Berechnung der Barwerte bereits angegeben.
- Gemäss dem in der Praxis verwendeten EVA-Verfahren sind, nebst den Barwerten von EVA und des Residualwertes, NOA sowie das verzinsliche Fremdkapital per Bewertungsstichtag zu berücksichtigen.
- Für den Zeitraum nach dem Jahre 5 wird ein Nullwachstum angenommen. Basis für die Berechnung des Residualwertes (Jahr 6 bis 100).
- Der Marktwert der Finanzschulden entspricht dem Buchwert des verzinslichen Fremdkapitals gemäss der letzten Bilanz.
- Es wird angenommen, dass die Steuern gleich bleiben (keine separate Berechnung der Steuern von EBIT notwendig).

Plan-Erfolgsrechnungen:

Plan-Erfolgsrechnungen	xx1	xx2	xx3	xx4	xx5	Res.-wert
Ertrag						
Erlös aus Warenverkauf	41'500	41'600	41'700	41'800	41'800	41'800
Aufwand						
Warenaufwand	−8'800	−8'800	−8'900	−9'000	−9'000	−9'000
Personalaufwand	−20'000	−19'900	−19'800	−19'700	−19'600	−19'600
Übriger Betriebsaufwand	−6'900	−6'900	−6'800	−6'900	−7'000	−7'000
Abschreibungen	−1'600	−1'600	−1'600	−1'500	−1'500	−1'500
Verwaltungsaufwand	−1'200	−1'200	−1'000	−1'100	−1'100	−1'100
Werbung, Marketing	−1'000	−1'100	−1'500	−1'500	−1'500	−1'500
Gewinn vor Zinsen vor Steuern	**2'000**	**2'100**	**2'100**	**2'100**	**2'100**	**2'100**
Kapitalzinsen	−700	−800	−750	−700	−700	−700
Gewinn nach Zinsen vor Steuern	**1'300**	**1'300**	**1'350**	**1'400**	**1'400**	**1'400**
Steuern	−330	−330	−340	−350	−350	−350
Geplante Reingewinne	**970**	**970**	**1'010**	**1'050**	**1'050**	**1'050**

Investitionsplan:

Investitionsplan	xx1	xx2	xx3	xx4	xx5	Res.-wert
Investitionen	3'000	1'500	1'500	1'500	1'500	1'500

Veränderung/Zunahme Netto-Umlaufvermögen (Working Capital):

	xx1	xx2	xx3	xx4	xx5	Res.-wert
Zunahme NUV	164	167	170	174	177	0

6.20 EVA-Methode CAMA AG

Aufgaben

1. Berechnung NOA und Verzinsung NOA

   Berechnen Sie den Bestand Netto-Umlaufvermögen (hier sind die Verpflichtungen aus LL als Abzugsposten bereits berücksichtigt). Netto-Umlaufvermögen plus Anlagevermögen ergibt NOA:

Working Capital (NUV)	xx0	xx1	xx2	xx3	xx4	xx5
Anfangsbestand		8'190	8'354	8'521	8'691	8'865
Zunahme		164	167	170	174	177
Endbestand	8'190	8'354	8'521	8'691	8'865	9'042

Berechnen Anlagevermögen:

Anlagevermögen	xx0	xx1	xx2	xx3	xx4	xx5
Anfangsbestand		11'280				
Investition						
– Abschreibungen						
Endbestand	11'280					

Berechnen NOA:

NOA	xx0	xx1	xx2	xx3	xx4	xx5	xx6 ff.
Netto-Umlaufvermögen	8'190	8'354	8'521	8'691	8'865	9'042	
Anlagevermögen	11'280						
NOA	**19'470**						
Zins NOA auf Vorjahr	—						

2. Berechnung EVA

   Ausgehend vom Reingewinn sind die Fremdkapitalzinsen (Gesamtkapitalkostensatz = Brutto-Methode) dazuzuzählen = betrieblicher NOPAT. Abzüglich des Zinses auf NOA ergibt EVA.

Berechnung EVA/Barwerte EVA und Residualwert:

Plan-Erfolgsrechnung	xx1	xx2	xx3	xx4	xx5	Res.-wert
Reingewinn						
+ Zinsen						
NOPAT						
– Zins NOA						
EVA						
Kapitalisierter Restwert 8%						
Barwert Faktor 8%	0.926	0.857	0.794	0.735	0.681	0.681
Barwert (gerundet)						

Berechnung des Unternehmenswertes nach der EVA-Methode:

NOA = betriebliches Gesamtvermögen (am Bewertungsstichtag)	
Total Barwerte EVA inkl. Residualwert = Market Value Added (MVA)	
Brutto-Unternehmenswert	
– Finanzschulden	
Netto-Unternehmenswert	

6.21 Unternehmenswert nach der DCF- und EVA-Methode

- Der Unternehmenswert ist nach der EVA- und der DCF-Methode nach dem Entity-Ansatz (Brutto-Unternehmenswert) zu berechnen. Steueradjustierter WACC/Gesamtkapitalkostensatz 8%. Es wird mit einem Steuersatz von 20% gerechnet (im Steuersatz von 20% ist bereits berücksichtigt, dass die Steuern abzugsfähig sind, es muss daher nicht im Hundert gerechnet werden).
- Basis für die Bewertung bildet die Bilanz für das Jahr xx0/Bewertungsstichtag. Bei der Berechnung sind die Anmerkungen entsprechend zu berücksichtigen.

6.21 Unternehmenswert nach der DCF- und EVA-Methode

Bilanz META AG/Jahr xx0/betriebswirtschaftliche Werte:

Aktiven		Passiven	
Flüssige Mittel	60	Verpflichtungen aus LL	200
Forderungen aus LL	200	Bank Kontokorrent	500
Warenvorräte	140	Hypothek**	50
Sachanlagen*	700	Aktienkapital	250
		Reserven	100
	1'100		**1'100**

* In den Sachanlagen ist ein Mehrfamilienhaus enthalten, das als nicht betrieblich betrachtet werden kann. Der betriebswirtschaftliche Wert dieses Mehrfamilienhauses beträgt 100. In den Sachanlagen sind sonst keine Immobilien bilanziert.
** Die Hypothek wurde für die Finanzierung des Mehrfamilienhauses errichtet, Hypothekarzins 4%.

Erfolgsrechnung Jahr xx0	
Warenverkauf	2'000
Immobilienerfolg*	5
Warenaufwand	–1'100
Personalaufwand	–600
Abschreibungen	–120
Zinsaufwand**	–25
Übriger Betriebsaufwand	–110
Steuern	–10
Erfolg	**40**

* Die Hypothekarzinsen wurden dem Konto Immobilienerfolg belastet.
** Hier sind die Zinsen für das Bank-Kontokorrent verbucht.

Plan-Bilanzen	xx1	xx2	xx3	xx4	Res.-wert
Umlaufvermögen	410	420	420	420	420
Anlagevermögen	800	810	800	800	800
Gesamtvermögen	**1'210**	**1'230**	**1'220**	**1'220**	**1'220**
– Nicht verz. FK (Verpflichtungen aus LL)	–300	–290	–280	–260	–260
– Verzinsliches FK	–550	–570	–560	–560	–560
Eigenkapital	**360**	**370**	**380**	**400**	**400**

Es sind keine Desinvestitionen geplant/im Anlagevermögen ist das Mehrfamilienhaus jeweils mit 100 berücksichtigt/im verzinslichen Fremdkapital sind der Kontokorrent-Kredit der Bank und die Hypothek berücksichtigt, die Hypothek wird nicht amortisiert und nicht erhöht.

Plan-Erfolgsrechnung	xx1	xx2	xx3	xx4	Res.-wert
Umsatz/Erlös	2'100	2'200	2'220	2'300	2'300
Immobilienerfolg	5	5	5	5	5
– Warenaufwand + Personalausgaben	–1'760	–1'840	–1'850	–1'920	–1'920
– Übrige liquiditätswirksame Kosten	–100	–110	–110	–120	–120
Cashflow (vor Zinsen und Steuern)	**245**	**255**	**265**	**265**	**265**
– Abschreibungen	–160	–160	–170	–160	–160
Gewinn vor Zinsen und Steuern	**85**	**95**	**95**	**105**	**105**
– Zinsen auf Kontokorrent	–25	–25	–25	–25	–25
Gewinn nach Zinsen, vor Steuern	**60**	**70**	**70**	**80**	**80**
– Steuern 20%	–12	–14	–14	–16	–16
Reingewinn	**48**	**56**	**56**	**64**	**64**

	Jahr 1	Jahr 2	Jahr 3	Jahr 4
Barwert Faktor 8%	0.926	0.857	0.794	0.735

Aufgaben

Berechnen Sie den Unternehmenswert nach der DCF- und nach der EVA-Methode.

1. Eliminieren der nicht betrieblichen Immobilien inkl. Hypothek und Berechnen von NOA.
2. Eliminieren von nicht betrieblichem Immobilienerfolg und Berechnen von EBIT/Gewinn vor Zinsen und vor Steuern (Basis für Ermittlung der Steuern).
3. Berechnung des Unternehmenswertes nach der EVA-Methode.
4. Berechnung des Unternehmenswertes nach der DCF-Methode.

6.22 Unternehmenswert nach der DCF- und EVA-Methode

Die Mondo Kaufhaus AG will das Kerngeschäft erweitern und verhandelt mit der Zentrum AG. Diese bietet der Mondo AG ihr ganzes Aktienkapital zum Verkauf an. In einer ersten Verhandlungsrunde wurde ein Preis von 6 Mio. genannt. Als Berater der Mondo AG erhalten Sie den Auftrag, den Unternehmenswert zu ermitteln.

- Basis für die Bewertung bildet die Bilanz für das Jahr xx0 = Bewertungsstichtag. Bei der Berechnung sind die Anmerkungen entsprechend zu berücksichtigen.

    Bilanz Zentrum AG, am 31.12.xx0, betriebswirtschaftliche Werte:

Aktiven		Passiven	
Flüssige Mittel	300	Verpflichtungen aus LL	1'900
Forderungen aus LL	2'400		
Warenvorräte	400	Hypothek	8'000
Mobiliar	1'600		
Immobilien	9'600	Eigenkapital	4'400
	14'300		**14'300**

- Die Übernahme soll per 01.01.xx1 erfolgen. Bei der Hypothek, welche in der Bilanz per 31.12.xx0 als Schuld passiviert ist, handelt es sich um eine Festhypothek mit einem Zinssatz von 5%. Die Kapitalkosten für die Hypothek sind in den Planzahlen (siehe unten) berücksichtigt.
- Allfällige Steuerfolgen infolge Aufwertung (auf Statuswerte) übernimmt gemäss Vertragsentwurf die Zentrums AG.
- Das Mobiliar hat noch eine Restnutzungsdauer von 4 Jahren. Bei der Liegenschaft wird eine Restnutzungsdauer von 30 angenommen. Für die Berechnung des Residualwertes ab dem Jahr xx5 ff. kann davon ausgegangen werden, dass die Abschreibungen und die Investitionen in Mobiliar und Liegenschaften pro Jahr gleich hoch sein werden.
- Für die Berechnung wird ein Steuersatz von 20% angewendet. Im Steuersatz ist berücksichtigt, dass die Steuern abzugsfähig sind.
- Es wird mit folgenden Plandaten gerechnet: Erwarteter Umsatz Jahr xx1 bis xx3 = 15'000; ab dem Jahre xx4 wird mit einem Umsatz von 16'000 pro

Jahr gerechnet; die Bruttogewinnmarge beträgt 30%. Die variablen Betriebsausgaben werden für xx1 bis xx3 mit 1'600 pro Jahr und ab dem Jahr xx4 mit 1'650 budgetiert. Die geplanten fixen Betriebsausgaben betragen für die ganze Berechnungsperiode 1'900 pro Jahr (inkl. Kapitalkosten).

- Ende Jahr xx3 werden Mobiliarerneuerungen von 800 notwendig sein (5 Jahre Nutzungsdauer). Es wird davon ausgegangen, dass mit Abschreibungen für diese Erneuerung im Jahre xx4 begonnen wird.
- Der Eigenkapitalkostensatz beträgt 15.43%.

Aufgaben

a) Als Teilnehmer des Beratungsteams erhalten Sie den Auftrag, den WACC zu ermitteln. Welche Überlegungen machen Sie (es sind noch keine Berechnungen vorzunehmen)?

b) Berechnen Sie den WACC.

c) Ermitteln Sie den Unternehmenswert nach der DCF- und nach der EVA-Methode (Entity Approach).

6.23 Unternehmenswert nach der EVA- und DCF-Methode

Der Verwaltungsrat sieht die Akquisition eines Unternehmens vor. Es wird mit einem Kaufpreis von rund 400 gerechnet. Der Verwaltungsrat möchte wissen, ob dieser Kaufpreis in etwa dem Unternehmenswert entspricht.

Plan-Bilanzen	xx0 Ist	xx1	xx2	xx3	xx4	xx5	Res.-wert
Umlaufvermögen	220	220	220	240	240	240	240
Anlagevermögen	200	200	220	240	300	300	300
Total Aktiven	**420**	**420**	**440**	**480**	**540**	**540**	**540**
Verpflichtungen aus LL	120	120	120	140	120	120	120
Darlehen	100	100	120	120	120	120	120
Eigenkapital	200	200	200	220	300	300	300
Total Passiven	**420**	**420**	**440**	**480**	**540**	**540**	**540**

6.23 Unternehmenswert nach der EVA- und DCF-Methode

Plan-Erfolgsrechnung	xx1	Xx2	xx3	xx4	xx5	Res.-wert
Umsatz	200	240	270	312	320	322
– Warenaufwand und Personalkosten	–80	–120	–160	–180	–180	–180
– Übrige liquiditätswirksame Kosten	–40	–40	–40	–40	–60	–60
Cashflow (vor Zinsen und Steuern)	**80**	**80**	**70**	**92**	**80**	**82**
– Abschreibungen	–20	–20	–20	–20	–20	–20
– Steuern	–12	–12	–14	–14	–12	–12
NOPAT	**48**	**48**	**36**	**58**	**48**	**50**

Aufgaben

a) Berechnen Sie anhand der obigen Daten den Unternehmenswert nach der EVA- und DCF-Methode. WACC 10%. Die Steuern können so übernommen werden (keine neue Berechnung der Steuern auf Basis von EBIT).

- **EVA-Methode**

  Berechnung NOA und Verzinsung NOA:

Plan-Bilanz	xx0 Ist	xx1	xx2	xx3	xx4	xx5	Res.-wert
Aktiven/Gesamtvermögen							
– Verpflichtungen aus LL							
NOA							
Zins NOA 10% auf NOA Vorjahr							

6 Gesamtaufgaben

Berechnung EVA/Barwerte EVA und Residualwert:

Plan-Erfolgsrechnung	xx1	xx2	xx3	xx4	xx5	Res.-wert
NOPAT						
– Zins auf NOA						
EVA/Mehrwert						
Kapitalisierter Restwert 10%						
Barwertfaktoren 10%	0.909	0.826	0.751	0.683	0.621	0.621
Barwert EVA/Residualwert						

Berechnung des Unternehmenswertes nach der EVA-Methode:

NOA = betriebliches Gesamtvermögen (am Bewertungsstichtag)	
Total Barwerte EVA inkl. Residualwert = Market Value Added (MVA)	
Brutto-Unternehmenswert	
– Finanzschulden	
Netto-Unternehmenswert	

- **DCF-Methode**

Berechnung der Investitionen Sachanlagen:

Konto Anlagen	xx0 Ist	xx1	xx2	xx3	xx4	xx5	Res.-wert
Anfangsbestand							
– Abschreibungen							
Zwischentotal							
Schlussbestand							
Investitionen							

6.23 Unternehmenswert nach der EVA- und DCF-Methode

Berechnung Veränderung Netto-Umlaufvermögen:

	xx0 Ist	xx1	xx2	xx3	xx4	xx5	Res.-wert
Umlaufvermögen							
− Verpflichtungen aus LL							
Zwischentotal NUV							
− Bestand Vorjahr NUV							
+/− Veränderung NUV							

Berechnung des Free Cashflows:

	xx1	xx2	xx3	xx4	xx5	Res.-wert
NOPAT	48	48	36	58	48	50
+ Abschreibungen						
Brutto Cashflow						
− Investitionen (netto)						
+/− Veränderung NUV						
Free Cashflow						
«Ertragswert»						
Barwert Faktor 10%	0.909	0.826	0.751	0.683	0.621	0.621
Barwert (gerundet)						

Berechnung Unternehmenswert:

Barwerte der einzelnen Free Cashflows/Jahre xx1–xx5	
Residualwert/Barwert des «ewigen» Free Cashflows	
Brutto-Unternehmenswert	
− Finanzschulden	
Netto-Unternehmenswert	

b) Ab dem Jahr xx6 (Residualwert) wird dank Synergieeffekten eine jährliche Ertragssteigerung von 2% erwartet. Wie hoch ist nun der Unternehmenswert nach der DCF-Methode?

6.24 Unternehmenswert nach der EVA- und DCF-Methode

Die seit 40 Jahren bestehende MULTEX AG konnte im Laufe der Zeit ihre Marktstellung kontinuierlich ausbauen. In ihrem Spezialgebiet, der Fabrikation von elektrischen Apparaten, hat sie eine starke Marktstellung. Dem Know-how von Geschäftsleitung und Aussendienst kommt bezüglich Beratung der anspruchsvollen Kundschaft eine besondere Bedeutung zu. Es wird weiterhin eine positive Entwicklung erwartet. Ab dem Jahr xx6 wird mit einem bleibenden stabilen Umsatz und Ertrag gerechnet.

Der Alleinaktionär ist 60-jährig und möchte sich altershalber vom Geschäft zurückziehen. Er ist bereit, die Aktien den Mitgliedern der Geschäftsleitung zu verkaufen. Bisher bezog der Alleinaktionär als Geschäftsleiter ein Gehalt pro Jahr von 800 (ein externer, neuer Geschäftsleiter würde etwa 400 pro Jahr kosten).

Berechnen Sie anhand der folgenden Angaben und Informationen den Unternehmenswert nach der EVA- und der DCF-Methode (als Diskussionsgrundlage für die Festsetzung des Preises der Aktien mit Stichtag 01.01.xx1):

Der Finanzchef gibt Ihnen die Bilanz vom letzten Jahr sowie Planerfolgsrechnungen und Planbilanzen für die nächsten 6 Jahre. Das letzte Plan-Jahr (= xx6) kann als Basis für die Ermittlung des Residualwertes verwendet werden.

Jahre	xx0 / Ist	xx1	xx2	xx3	xx4	xx5	xx6 ff.
Flüssige Mittel	2'000	2'000	2'000	2'000	2'000	2'000	2'000
Forderungen aus LL	3'000	2'870	2'957	3'015	3'076	3'107	3'107
Warenvorräte	5'900	5'900	6'100	6'300	6'500	6'400	6'400
Sachanlagen	5'400	6'320	7'056	7'645	8'116	7'993	7'993
	16'300	**17'090**	**18'113**	**18'960**	**19'692**	**19'500**	**19'500**

Jahre	xx0 / Ist	xx1	xx2	xx3	xx4	xx5	xx6 ff.
Verpflichtungen aus LL	3'800	3'827	3'942	4'021	4'101	4'142	4'142
Bankkredite	6'200	6'726	7'417	7'988	8'456	8'053	7'876
Aktienkapital	4'000	4'000	4'000	4'000	4'000	4'000	4'000
Reserven	2'300	2'537	2'754	2'951	3'135	3'305	3'482
	16'300	**17'090**	**18'113**	**18'960**	**19'692**	**19'500**	**19'500**

6.24 Unternehmenswert nach der EVA- und DCF-Methode

Jahre	xx0 / Ist	xx1	xx2	xx3	xx4	xx5	xx6 ff.
Warenverkauf	46'000	47'840	49'275	50'261	51'266	51'779	51'779
Warenaufwand	−20'200						
Personalaufwand	−19'500						
Übrig. Betriebsaufw.	−4'194						
EBITDA	**2'106**	**2'470**	**2'557**	**2'616**	**2'676**	**2'707**	**2'707**
Abschreibungen	−1'200	−1'080	−1'264	−1'411	−1'529	−1'623	−1'600
EBIT	**906**	**1'390**	**1'293**	**1'205**	**1'147**	**1'084**	**1'107**
Zinsaufwand	−306	−310	−336	−371	−399	−423	−403
Gewinn vor Steuern	**600**	**1'080**	**957**	**834**	**748**	**661**	**704**
Steuern	−120	−216	−191	−167	−150	−132	−141
Reingewinn	**480**	**864**	**766**	**667**	**598**	**529**	**563**

Allgemeine und ergänzende Angaben:

- Die Plandaten sind betriebswirtschaftliche Zahlen; d.h., in den Bilanzpositionen der Plan-Bilanzen 1 bis 6 sind keine stillen Reserven enthalten; die Plan-Erfolgsrechnungen enthalten keine Bildung oder Auflösung von stillen Reserven. Das Jahr xx6 ff. kann als Basis für die Ermittlung des Residualwertes verwendet werden.

- In den Personalaufwendungen (inkl. geplante) ist die jährliche Entschädigung an den Alleinaktionär von 800 enthalten (diese Entschädigung wurde bisher von der Steuerverwaltung als Gewinnungskosten akzeptiert).

- In den Plandaten wird angenommen, dass die Gewinnsteuern in der gleichen Periode zahlungswirksam sind. Der Steuersatz beträgt 20% (darin ist bereits berücksichtigt, dass die Steuern abzugsfähig sind). Der Fremdkapitalkostensatz des Jahres xx0 ist massgebend für die Ermittlung des WACC (auf 2 Kommastellen genau berechnen). Im Jahre xx0 sind die Bankkredite per Saldo gleich geblieben. Der Eigenkapitalkostensatz beträgt 10%.

Aufgaben

a) Berechnen Sie den steueradjustierten WACC.
b) Berechnen Sie den Unternehmenswert nach der EVA-Methode.
   Berechnung NOA:

Jahre	xx0	xx1	xx2	xx3	xx4	xx5	xx6 ff.
Bilanzsumme	16'300	17'090	18'113	18'960	19'692	19'500	19'500

Berechnung EVA:

Jahre	xx0	xx1	xx2	xx3	xx4	xx5	xx6 ff.
EBIT	—						
− 20% Steuern	—						
NOPAT	—						
− Zins auf NOA	—						
EVA	—						
Barwertfaktoren							
«Ertragswert» xx6 ff.							
Barwert							
NOA							
Total Barwerte EVA							
Brutto Untern.-Wert							
− Verz. Fremdkap.							
Netto-Untern.-Wert							

6.24 Unternehmenswert nach der EVA- und DCF-Methode

c) Berechnen Sie zur Kontrolle den Unternehmenswert nach der DCF-Methode.

Berechnung der Investitionen:

Jahre	xx0	xx1	xx2	xx3	xx4	xx5	xx6 ff.
Anfang Jahr		5'400					
− Abschreibungen							
Zwischentotal							
Ende Jahr	5'400						
Investitionen							

Berechnung Veränderung des NUV:

Jahre	xx0	xx1	xx2	xx3	xx4	xx5	xx6 ff.
Flüssige Mittel							
Forderungen aus LL							
Warenvorräte							
− Verpflichtungen aus LL							
NUV							
Veränderung NUV							

Berechnung Free Cashflow:

Jahre	xx0	xx1	xx2	xx3	xx4	xx5	xx6 ff.
NOPAT	—						
+ Abschreibungen	—						
Cashflow	—						
– Investitionen	—						
–/+ Veränderung NUV	—						
Free Cashflow	—						
Barwertfaktoren							
«Ertragswert» xx6 ff.							
Barwert							
Brutto Untern.-Wert							
– Verz. Fremdkap.							
Netto Untern.-Wert							

6.25 DCF-Methode

Berechnen Sie anhand der folgenden Daten den Wert der Aktien der Firma Manta:

Es wird angenommen, dass die Angaben für alle kommenden Jahre gelten und das Unternehmen eine unendliche Lebensdauer aufweist.

Aktiven		Passiven	
Liquide Mittel	100	Verpflichtungen aus LL	200
Forderungen aus LL	200	Darlehen	600
Vorräte	300		
Sachanlagen	600	Eigenkapital	400
Total	**1'200**	**Total**	**1'200**

- EBIT 120
- Zinsen 30
- Gewinnsteuersatz 20%
  Darin ist bereits berücksichtigt, dass die Steuern abziehbar sind.
- Eigenkapitalkostensatz 16%

6.25 DCF-Methode

Aufgaben

a) Berechnen Sie den WACC mit und ohne Steuereffekt auf den Fremdkapitalzinsen.

b) Nun kann der NOPAT berechnet werden:

EBIT	
− Steuern 20%	
NOPAT/Gewinn vor Zinsen nach Steuern	

c) Berechnung Unternehmenswert Variante 1/steueradjustierter WACC:

Brutto-Unternehmenswert = Barwerte NOPAT Jahr 1–100 = ……	
− Finanzschulden	
Netto-Unternehmenswert	

Oder WACC ohne Steuereffekt auf Fremdkapitalzinsen:

EBIT	
− Zinsen	
Gewinn nach Zinsen vor Steuern	
− Steuern 20%	
Gewinn nach Zinsen und nach Steuern	
+ Zinsen	
Gewinn vor Zinsen und nach Steuern	

d) Berechnung Unternehmenswert Variante 2/WACC ohne Steuereffekt auf Fremdkapitalzinsen:

Unternehmenswert = Gewinn nach Steuern vor Zinsen = ……	
− Finanzschulden	
Netto-Unternehmenswert	

6.26 DCF-Methode mit Ertragswachstum

Berechnen Sie anhand der folgenden Daten den Wert der Aktien der Firma ZIMAL. Die Firma ZIMAL rechnet mit einem Gesamtkapitalkostensatz/steueradjustierter WACC von 10%. Die Finanzschulden Ende Jahr xx0 belaufen sich auf 2'000.

Free Cashflows

	xx1	xx2	xx3	Res.-wert
Reingewinn	300	320	340	340
+ Zinsen	100	100	80	80
+ Steuern	100	110	120	120
EBIT	**500**	**530**	**540**	**540**
− Steuern	−100	−106	−108	−108
NOPAT	**400**	**424**	**432**	**432**
+ Abschreibungen	400	476	488	400
Brutto Cashflow	**800**	**900**	**920**	**832**
− Investitionen (netto)	−400	−500	−420	−400
+/− Veränderung NUV	−100	0	0	0
Free Cashflow	**300**	**400**	**500**	**432**

Ab dem Planjahr 4 wird mit einer jährlichen Wachstumsrate von 2% gerechnet.

Aufgaben

a) Berechnung der Barwerte der Free Cashflows:

	xx1	xx2	xx3	Total Barwerte xx1−xx3
Free Cashflow				
Barwert Faktor 10%	0.909	0.826	0.751	
Barwert (gerundet)				

b) Berechnung des Barwertes des Residualwertes zu 8%*:

«Ewiger» Free Cashflow/NOPAT	432
«Ertragswert/Kapitalwert des Free Cashflows = ...	
Berechnung Barwert/Residualwert = ...	

* WACC 10% – Wachstumsrate 2% = 8%

c) Berechnung Unternehmenswert:

Barwerte der einzelnen Free Cashflows/Jahre xx1–xx3	
Residualwert/Barwert des «ewigen» Free Cashflows	
Brutto-Unternehmenswert	
– Finanzschulden	–2'000
Netto-Unternehmenswert	

6.27 DCF-Methode

Der Investor X möchte die Firma Omega übernehmen. Er könnte 100% der Aktien erwerben. Der Börsenwert für diese Aktien beträgt 16'000. Der Investor möchte wissen, welchen Preis er den Anlegern für dieses Aktienpaket offerieren könnte.

Per Zufall hat er aus einem Bewertungsgutachten ein paar Daten erhalten:

- Der Barwert per Ende xx0 der frei verfügbaren zukünftigen Free Cashflows der Jahre xx1 bis xx4 beträgt 18'610.
- Ab dem Jahre xx5 bis x99 rechnet man mit einem Free Cashflow von 4'680.
- Der steueradjustierte WACC (Fremdkapitalkostensatz mit Berücksichtigung des Steuersatzes von 20%) beträgt 8%.
- Das Total der zinspflichtigen Finanzschulden per Ende xx0 beträgt 40'000.

Aufgabe

Wie hoch ist der Unternehmenswert netto bzw. welcher Preis kann den Anlegern für den Verkauf der Aktien offeriert werden?

- Berechnen Sie den Barwert des Residualwertes.
- Berechnen Sie den Unternehmenswert.

6.28 Unternehmenswert DCF-Methode / Entity-Ansatz

In einem Bewertungsgutachten wird ein Unternehmenswert von rund 8'000 ausgewiesen.

Für ihre Akten erhalten Sie eine Kopie dieses Bewertungsgutachtens und den Auftrag, das Gutachten kurz zu prüfen, ob die Daten plausibel seien. In diesem Zusammenhang nehmen Sie Kontakt mit dem zuständigen Finanzchef auf und klären ab, wie die Planungsdaten für die Unternehmensbewertung ermittelt wurden. Er versichert Ihnen, dass die Daten aufgrund des heutigen Wissensstandes vorsichtig und realistisch geschätzt wurden. Das Bewertungsgutachten zeigt folgende Plandaten:

Bilanzen	Ist xx5	Planjahre xx6	xx7	xx8	Res.-wert xx9 ff.
Aktiven					
Flüssige Mittel	1'000	1'000	1'000	1'000	1'000
Forderungen aus LL & Warenvorräte	1'000	1'100	1'200	1'200	1'200
Immobilien	16'000	16'300	16'000	16'200	16'200
	18'000	**18'400**	**18'200**	**18'400**	**18'400**
Passiven					
Verpflichtungen aus LL	1'000	1'200	1'000	1'200	1'200
Darlehen langfristig	8'000	8'000	8'000	8'000	8'000
Aktienkapital	6'000	6'000	6'000	6'000	6'000
Reserven	3'000	3'200	3'200	3'200	3'200
	18'000	**18'400**	**18'200**	**18'400**	**18'400**

Erfolgsrechnungen	Ist xx5	Planjahre xx6	xx7	xx8	Res.-wert xx9 ff.
Betriebsertrag	6'600	6'700	6'800	6'800	6'800
Warenaufwand	–1'600	–1'600	–1'600	–1'700	–1'700
Personalaufwand	–2'400	–2'400	–2'400	–2'300	–2'200
Zinsaufwand	–400	–400	–400	–400	–500
Abschreibungen	–900	–900	–1'000	–900	–900
Übriger Betriebsaufwand inkl. Steuern	–1'000	–1'000	–1'000	–1'100	–1'100
Reingewinn	**300**	**400**	**400**	**400**	**400**

Aufgrund dieser Daten hat die Treuhand und Revisionsgesellschaft X den Unternehmenswert nach der DCF-Methode wie folgt berechnet:

Erfolgsrechnungen	Ist xx5	Planjahre xx6	xx7	xx8	Res.-wert xx9 ff.
Reingewinn		400	400	400	400
Zinsaufwand		400	400	400	500
Abschreibungen		900	1'000	900	900
Operativer Cashflow		**1'700**	**1'800**	**1'700**	**1'800**
– Investitionen		–1'200	–700	–1'100	–500
+/– Veränderung NUV		–100	300	–200	0
Free Cashflow		**400**	**1'400**	**400**	**1'300**
Barwertfaktoren 7%	1	0.935	0.873	0.816	0.763
Barwert zu 7%		374	1'222	326	14'170
Total Barwerte inkl. Res.-wert	**16'092**				
– Darlehen Ende xx5	–8'000				
Unternehmenswert netto	**8'092**	rund	**8'000**		

Aufgabe

Überprüfen Sie das Bewertungsgutachten auf Plausibilität. Sie können davon ausgehen, dass die Steuern durch die Treuhand- und Revisionsgesellschaft X richtig berechnet sind und der Gesamtkapitalkostensatz von 7% angemessen ist.

6.29 Unternehmenswert EVA- und DCF-Methode / Entity-Ansatz

Ein guter Kollege muss ein Unternehmen bewerten und hat bereits für sich eine Bewertung durchgeführt. Bevor er seiner Geschäftsleitung den Bericht unterbreitet, möchte er noch Ihr Urteil. xx5 = Ist-Zahlen; xx6 bis xx8 Planzahlen; das Jahr xx9 ff. kann als Basis für den Residualwert verwendet werden.

Bilanzen und Erfolgsrechnungen xx5 bis xx9:

Aktiven	xx5	xx6	xx7	xx8	xx9 ff.
Flüssige Mittel	500	500	500	500	500
Wertschriften	2'100	2'100	2'100	2'100	2'100
Forderungen aus LL und Warenvorräte	4'100	4'100	4'200	4'200	4'200
Sachanlagen	4'500	4'900	4'800	4'700	4'700
	11'200	**11'600**	**11'600**	**11'500**	**11'500**

Passiven	xx5	xx6	xx7	xx8	xx9 ff.
Verpflichtungen aus LL	1'600	1'700	1'600	1'500	1'500
Darlehen langfristig	4'000	4'000	4'000	4'000	4'000
Aktienkapital	3'000	3'000	3'000	3'000	3'000
Reserven	2'600	2'900	3'000	3'000	3'000
	11'200	**11'600**	**11'600**	**11'500**	**11'500**

Erfolgsrechnungen	xx5	xx6	xx7	xx8	xx9 ff.
Warenertrag	8'400	8'600	8'800	9'000	9'000
Wertschriftenertrag	100	100	100	100	100
Warenaufwand	–3'400	–3'600	–3'900	–3'800	–3'800
Personalaufwand	–2'400	–2'400	–2'400	–2'400	–2'600
Übriger Betriebsaufwand	–1'200	–1'200	–1'200	–1'200	–1'200
Abschreibungen	–500	–400	–600	–600	–500
Gewinn vor Zinsen und Steuern/EBIT	**1'000**	**1'100**	**800**	**1'100**	**1'000**
– Zinsaufwand	–200	–200	–200	–200	–200
Gewinn vor Steuern	**800**	**900**	**600**	**900**	**800**
– 20% Steuern	–160	–180	–120	–180	–160
Reingewinn	**640**	**720**	**480**	**720**	**640**
Dividende	–640	–420	–380	–720	–640

6.29 Unternehmenswert EVA- und DCF-Methode / Entity-Ansatz

Ihr Kollege ist dabei von folgenden Parametern ausgegangen:
- Die Steuern betragen jeweils 20%. Im Satz von 20% ist bereits berücksichtigt, dass die Steuern abzugsfähig sind. Die Gewinnsteuern sind in der gleichen Periode zahlungswirksam.
- Der Zinssatz/WACC beträgt 8%. Im Fremdkapitalkostensatz sind die Steuern berücksichtigt.
- Als Basis für die Zinsen auf NOA wird jeweils der Anfangsbestand berücksichtigt.
- Das Jahr xx9 dient als Basis für die Ermittlung des Residualwertes.
- Die Wertschriften sind als Liquiditätsreserve zu betrachten und sind nicht betriebsnotwendig. Der Kurswert per Ende xx5 beträgt 2'100.

Aufgaben

a) Ihr Kollege bittet Sie, aufgrund der obigen Daten den Unternehmenswert nach der EVA-Methode zu ermitteln.

Berechnen NOA:

	Ist xx5	Planjahre xx6	xx7	xx8	Res.-Wert xx9 ff.
Flüssige Mittel	500	500	500	500	500
Wertschriften/nicht betrieblich					
Forderungen aus LL und Warenvorräte	4'100	4'100	4'200	4'200	4'200
Sachanlagen	4'500	4'900	4'800	4'700	4'700
Zwischentotal					
− Verpflichtungen aus LL	−1'600	−1'700	−1'600	−1'500	−1'500
NOA					
Zins NOA 8%					

6 Gesamtaufgaben

Berechnen EVA:

	Planjahre xx6	xx7	xx8	Res.-Wert xx9 ff.
Warenertrag	8'600	8'800	9'000	9'000
Wertschriftenertrag/nicht betrieblich				
Warenaufwand	−3'600	−3'900	−3'800	−3'800
Personalaufwand	−2'400	−2'400	−2'400	−2'600
Übriger Betriebsaufwand	−1'200	−1'200	−1'200	−1'200
Abschreibungen	−400	−600	−600	−500
Gewinn vor Zinsen und Steuern/EBIT				
− 20% Steuern				
Gewinn n. Steuern vor Zinsen/NOPAT				
− Zins NOA				
EVA				
Abzinsungsfaktoren 8%	0.926	0.857	0.794	
Barwert				
Total Barwerte EVA inkl. Residualwert				
NOA xx5				
Brutto-Unternehmenswert betrieblich				
− Darlehen xx5				
Netto-Unternehmenswert betrieblich				
Nicht betriebliche Wertschriften				
Total Unternehmenswert netto				

6.29 Unternehmenswert EVA- und DCF-Methode / Entity-Ansatz

b) Um den Wert zu kontrollieren, berechnen Sie den Unternehmenswert nach der DCF-Methode.

Investitionen:

Sachanlagen	Ist xx5	Planjahre xx6	xx7	xx8	Res.-Wert xx9 ff.
Anfang Jahr					
− Abschreibungen					
Zwischentotal					
− Ende Jahr					
Investitionen					

Veränderung Nettoumlaufsvermögen:

	Ist xx5	Planjahre xx6	xx7	xx8	Res.-Wert xx9 ff.
Flüssige Mittel					
Nicht betriebliche Wertschriften					
Forderungen aus LL und Warenvorräte					
Umlaufvermögen					
− Verpflichtungen aus LL					
NUV					
Veränderung NUV					

Berechnen Free Cashflow und Unternehmenswert:

	Planjahre xx6	xx7	xx8	Res.-Wert xx9 ff.
Gewinn nach Steuern vor Zinsen/NOPAT				
+ Abschreibungen				
Cashflow vor Zinsen nach Steuern				
– Investitionen				
+/– Veränderung NUV				
Free Cashflow				
Abzinsungsfaktoren 8%				
Barwert				
Total Barwerte FCF inkl. Residualwert				
– Darlehen xx5				
Netto-Unternehmenswert betrieblich				
Nicht betriebliche Wertschriften				
Total Unternehmenswert netto				

6.30 Berechnen Free Cashflow

Es ist der Free Cashflow zu ermitteln.

Im Gewinn nach Steuern sind die Zinsaufwendungen für das Bankdarlehen (siehe unten) berücksichtigt. Bei der Bestimmung vom Gesamtkapitalkostensatz/WACC wurde beim Fremdkapitalkostensatz kein Steuereffekt berücksichtigt. Basis für die Steuerberechnung ist somit der Gewinn nach Zinsen vor Steuern und nicht EBIT.

	xx2	xx3
EBIT (Gewinn vor Zinsen und vor Steuern)		
– Fremdkapitalzinsen		
Gewinn nach Zinsen, vor Steuern		
– Steuern		
Gewinn nach Zinsen, nach Steuern	2'000	2'400

6.30 Berechnen Free Cashflow

Die gültigen Steuersätze sind: Kantonssteuer 9%, Gemeindesteuer 9%, direkte Bundessteuer 8.5%. Die Steuern sind vom Gewinn abziehbar (im Hundert rechnen).

Die Abschreibungen betragen je 5'300 für die Jahre xx2 und xx3. In diesen beiden Jahren sind keine Investitionen geplant.

Per Ende xx1 wies die Bilanz ein Bankdarlehen von 40'000 auf. Der Zinssatz auf dem Darlehen beträgt 5% p.a. Gleichzeitig mit der Zahlung des Halbjahreszinses (30. Juni und 31. Dezember) müssen jeweils Amortisationen von je 5'000 geleistet werden.

Aufgaben

a) Berechnen Sie den EBIT und den Free Cashflow für die Jahre xx2 und xx3 aufgrund dieser Angaben.

Berechnen der Zinsen im Jahre xx2 und xx3:

1. Semester: ……	
2. Semester: ……	
Total Zins xx2	

1. Semester: ……	
2. Semester: ……	
Total Zins xx3	

Berechnung EBIT:

	xx2	xx3
Gewinn vor Zinsen und vor Steuern/EBIT		
Zinsen		
Gewinn nach Zinsen, vor Steuern		
− Steuern (Summe x 26.5 : 126.5)		
Gewinn nach Steuern	2'000	2'400

Berechnung Free Cashflow:

	xx2	xx3
EBIT		
− Steuern		
Gewinn vor Zinsen, nach Steuern/NOPAT		
+ Abschreibungen	5'300	5'300
Free Cashflow		

b) Zusätzlicher Tatbestand:

Im Budget xx2 ist der Kauf von eigenen Aktien zu 30'360 nicht berücksichtigt. Die Finanzierung für den Kauf erfolgt durch einen befristeten Bankkredit mit einer Laufzeit von 6 Monaten (Zinssatz 5%). Bis Ende des Jahres xx2 sollen die Aktien verkauft und der Bankkredit zurückbezahlt werden. Ein zusätzlicher Erfolg aus dem Kauf bzw. Verkauf der Aktien wird nicht erwartet.

Berechnen Sie nun den EBIT und den Free Cashflow für das Jahr xx2.

Berechnen der Zinsen im Jahre xx2 unter Berücksichtigung der Steuern:

1. Semester:	
− Steuern	
Netto-Reduktion des Gewinnes	

Der Gewinn nach Steuern und Zinsen wird sich somit um ...... reduzieren, d.h., der Gewinn beträgt neu 2'000 − ...... = ...

Berechnung EBIT:

	xx2
Gewinn vor Zinsen und vor Steuern/EBIT	
Zinsen	
Gewinn nach Zinsen, vor Steuern	
Steuern (Summe x 26.5 : 126.5)	
Gewinn nach Steuern, nach Zinsen	

Berechnung Free Cashflow:

	xx2
EBIT	
− Steuern	
Gewinn vor Zinsen, nach Steuern/NOPAT	
+ Abschreibungen	5'300
Free Cashflow	

6.31 Free Cashflow

Im Gewinn nach Steuern sind die Zinsaufwendungen für das Bankdarlehen (siehe unten) berücksichtigt. Bei der Bestimmung vom Gesamtkapitalkostensatz/WACC wurde beim Fremdkapitalkostensatz kein Steuereffekt berücksichtigt. Basis für die Steuerberechnung ist somit der Gewinn nach Zinsen vor Steuern und nicht EBIT.

	xx3
EBIT (Gewinn vor Zinsen und vor Steuern)	
− Fremdkapitalzinsen	
Gewinn nach Zinsen, vor Steuern	
− Steuern	
Gewinn nach Zinsen, nach Steuern	4'800

Die gültigen Steuersätze sind: Kantonssteuer 9%, Gemeindesteuer 9%, direkte Bundessteuer 8.5%. Die Steuern sind vom Gewinn abziehbar (im Hundert rechnen).

Für das Jahr xx3 sind Abschreibungen von 10'600 geplant. Es sind keine Investitionen vorgesehen.

Im Jahre xx3 soll eine Beteiligung verkauft werden (Desinvestition). Sie soll zu einem Preis von 40'000 verkauft werden. In der Buchhaltung wird diese Beteiligung mit einem Buchwert von 30'000 bilanziert. Im geplanten Reingewinn von 4'800 ist diese Transaktion nicht berücksichtigt.

Es sind Zinsen von 2'750 budgetiert.

6 Gesamtaufgaben

Aufgabe

Berechnen Sie den Free Cashflow für das Jahr xx3.

Berechnung EBIT und Steuern:

	xx3 / ohne Desinvestition	xx3 / mit Desinvestition
Gewinn vor Zinsen und vor Steuern/EBIT		
− Zinsen	−2'750	−2'750
Steuerbarer Buchgewinn		0
Gewinn nach Zinsen, vor Steuern		
− Steuern (Summe x 26.5 : 126.5)		
Gewinn nach Zinsen, nach Steuern	4'800	

Berechnung Free Cashflow:

	xx3 / ohne Desinvestition	xx3 / mit Desinvestition
EBIT		
− Steuern		
Gewinn vor Zinsen, nach Steuern/NOPAT		
+ Abschreibungen	5'300	5'300
+ Desinvestition		0
Free Cashflow		

oder:

Free Cashflow ohne Verkauf Beteiligung	
− Steuern auf Buchgewinn 10'000 x 26.5 : 126.5	
+ Desinvestition	
Free Cashflow	

6.32 EVA

Die Bilanz und Erfolgsrechnung präsentieren sich wie folgt:

		xx2	xx1
Aktiven			
Flüssige Mittel		80'000	100'000
Forderungen/Forderungen aus LL		20'000	22'000
Warenvorräte		204'000	230'000
Immobilien	(1)	208'000	212'000
Mobilien und Einrichtungen		220'000	240'000
Total Aktiven		**732'000**	**804'000**
Passiven			
Verpflichtungen aus LL		92'000	168'000
Bankkredite	(2)	176'000	184'000
Hypotheken	(3)	124'000	124'000
Aktienkapital		120'000	120'000
Reserven		180'000	172'000
Bilanzgewinn		40'000	36'000
Total Passiven		**732'000**	**804'000**

Anmerkungen für Jahr xx2:
(1) Diese Position enthält mehrere betriebsfremde Liegenschaften mit einem gesamten Buchwert von 120'000. Die betriebsfremden Liegenschaften werden jährlich um 2'000 abgeschrieben. Die dazugehörenden Fest-Hypotheken von total 80'000 sind unter den Hypotheken bilanziert. Der Zinssatz für die Fest-Hypotheken beträgt 5%, die Fest-Hypotheken werden nicht amortisiert.
(2) Die Bankkreditlimite beläuft sich auf 200'000. Wirtschaftlich kann der Bankkredit als langfristiges Fremdkapital betrachtet werden.
(3) Von den bilanzierten Hypotheken betreffen 80'000 die nicht betriebsnotwendigen Immobilien (siehe Anmerkung 1).

	xx2	xx1
Nettoumsatz	**1'200'000**	**1'260'000**
Liegenschaftserfolg brutto (1)	10'000	10'000
– Warenaufwand	–480'000	–524'000
– Personalaufwand	–374'000	–418'000
– Raumaufwand	–164'000	–168'000
– Betriebs- und Verwaltungsaufwand	–78'000	–80'000
– Abschreibungen (2)	–48'000	–44'000
EBIT/Gewinn vor Zinsen und Steuern	**66'000**	**36'000**
– Fremdkapitalzinsen (3)	–18'000	–20'000
NOPAT/Gewinn nach Zinsen und vor Steuern	**48'000**	**16'000**
– Steuern (4)	–12'000	–4'000
Gewinn nach Steuern	**36'000**	**12'000**

Anmerkungen für Jahr xx2:
(1) Im Liegenschaftserfolg sind die Hypothekarzinsen und die Abschreibungen für die betriebsfremden Immobilien nicht enthalten.
(2) Hier sind die Abschreibungen für die betriebsfremden Liegenschaften enthalten.
(3) Die Hypothekarzinsen für die betriebsfremden Liegenschaften sind in den Fremdkapitalzinsen enthalten.
(4) Die Steuern belaufen sich auf 25%. Im Steuersatz ist berücksichtigt, dass die Steuern abzugsfähig sind, es muss daher nicht im Hundert gerechnet werden.

Für die Berechnung von EVA erhalten Sie (nebst der oben aufgeführten Bilanz und Erfolgsrechnung inkl. Anmerkungen) folgende Zusatzinformationen:

- Langfristig risikoloser Zinssatz von Bundesanleihen 3.9%; Marktrisikoprämie 5%; Beta-Faktor 1.3; Zinssatz für Hypotheken 5% (Fremdkapitalkostensatz)
- Die Formel für EVA lautet: EVA = NOPAT – NOA x WACC
- Die Verzinsung von NOA erfolgt auf Basis des Anfangsbestandes im entsprechenden Jahr.

6.32 EVA

Aufgabe

Berechnen Sie EVA für das Jahr xx2.

NOA auf Basis Bilanz vom Vorjahr berechnen:

Bilanzsumme	804'000	
– Betriebsfremde Liegenschaften		
– Verpflichtungen aus LL		
NOA		**100%**
Verzinsliches FK/Bankkredite	184'000	
Hypotheken		
Eigenkapital		

Berechnung WACC (nicht steueradjustiert):

FK Satz = ...
EK Satz = ...
Total = ...

Berechnung betrieblicher NOPAT:

	xx2	Berichtigt
Nettoumsatz	1'200'000	
Betriebsfremder Liegenschaftserfolg brutto	10'000	
– Warenaufwand	–480'000	
– Personalaufwand	–374'000	
– Raumaufwand	–164'000	
– Betriebs- und Verwaltungsaufwand	–78'000	
– Abschreibungen	–48'000	
EBIT/Gewinn vor Zinsen und Steuern	**66'000**	
– Fremdkapitalzinsen	–18'000	
Gewinn nach Zinsen, vor Steuern	**48'000**	
– Steuern	–12'000	
Gewinn nach Steuern	**36'000**	

EBIT/Gewinn vor Zinsen und Steuern	
− Steuern	
NOPAT/Gewinn vor Zinsen, nach Steuern	
− Verzinsung NOA = ……	
EVA	

6.33 Unternehmenswert nach der EVA-Methode

Berechnen Sie anhand der folgenden Angaben den Unternehmenswert nach der EVA-Methode auf Basis steueradjustierter WACC und Basis WACC ohne Steuereffekt.

- Bilanzsumme .... 9'600
- Verpflichtungen aus LL .... 1'600
- Darlehen (verzinslich) .... 3'200
- EBIT (ewiger Gewinn vor Zinsen und Steuern) .... 1'200
- Gewinnsteuersatz 25%
  Im Steuersatz ist berücksichtigt, dass die Steuern abzugsfähig sind, es ist daher nicht im Hundert zu rechnen.
- Zins für Fremdkapital 5%
- Kostensatz Eigenkapital 13%

Aufgaben

a) Steueradjustierter WACC (mit Steuereffekt): …

EBIT/Gewinn vor Zinsen und Steuern	1'200
− Steuern 25%	
NOPAT/Gewinn vor Zinsen, nach Steuern	
NOPAT	
− Kosten Gesamtkapital/NOA = ……	
EVA	

6.33 Unternehmenswert nach der EVA-Methode

NOA	
+ Residualwert EVA = ...	
Brutto-Unternehmenswert	
– Fremdkapital	
Netto-Unternehmenswert	

b) WACC ohne Steuereffekt: ...

EBIT/Gewinn vor Zinsen und Steuern	
– Fremdkapitalzinsen = ...	
Gewinn vor Steuern	
– Steuern = ...	
Reingewinn	

EBIT/Gewinn vor Zinsen und Steuern	
– Steuern	
NOPAT/Gewinn vor Zinsen nach Steuern	

NOPAT	
– Kosten Gesamtkapital = ...	
EVA	

NOA	
+ Residualwert EVA = ...	
Bruttounternehmenswert	
– Fremdkapital	
Nettounternehmenswert	

6.34 Fragen zur DCF-Methode

a) Bei der DCF-Methode haben folgende Faktoren einen Einfluss auf den Unternehmenswert:

I. die jährlichen Aufwendungen und Erträge;
II. der Beta-Faktor;
III. das Finanzierungsverhältnis;
IV. die erwartete Wachstumsrate;
V. die Investitionen;
VI. die kalkulatorischen Kosten.

		Richtig
A	Die Faktoren I, IV und VI sind korrekt.	☐
B	Die Faktoren I, II und III sind korrekt.	☐
C	Die Faktoren I, II, III und IV sind korrekt.	☐
D	Die Faktoren II, III, IV und V sind korrekt.	☐

b) Aussagen zur DCF-Methode:

I. Die Tatsache, dass ein Franken heute mehr Wert ist als in einem Jahr, wird berücksichtigt.
II. NOPAT und Free Cashflow sind im Planjahr des Residualwertes gleich hoch.
III. Mit der Anwendung der DCF-Methode werden die statischen und dynamischen Verfahren optimal verbunden.
IV. Der Residualwert bildet einen wesentlichen Bestandteil des Unternehmenswertes.

		Richtig
A	Die Aussagen I und III sind korrekt.	☐
B	Die Aussagen I, II und III sind korrekt.	☐
C	Die Aussagen I, II und IV sind korrekt.	☐
D	Die Aussagen II und IV sind korrekt.	☐

6.35 Fragen zur Behandlung von Steuern und EVA-Methode

a) Steuern und Fremdkapitalzinsen

Die Fremdkapitalzinsen können steuerlich als Aufwand geltend gemacht werden. Dabei können die Steuern wie folgt berücksichtigt werden:

I. Steueradjustierter Kapitalkostensatz und EBIT (Gewinn vor Zinsen und Steuern) werden als Basis für die Berechnung der Steuern berücksichtigt.

II. Im Fremdkapitalkostensatz wird der Steuereffekt nicht berücksichtigt, als Basis für die Berechnung der Steuern wird EBT (Gewinn nach Zinsen und vor Steuern) verwendet.

III. Im Eigenkapitalkostensatz wird der Steuereffekt berücksichtigt, als Basis für die Berechnung der Steuern wird EBIT (Gewinn vor Zinsen und Steuern) verwendet.

IV. Alle aufgeführten Varianten I bis III führen bei richtiger Berechnung zum selben Ergebnis, wenn die Steuern immer im Hundert gerechnet werden.

Richtig

A Die Aussagen I, III, und IV sind korrekt. ☐

B Die Aussagen I und II sind korrekt. ☐

C Die Aussagen I, II, III und IV sind korrekt. ☐

D Die Aussagen I, II und IV sind korrekt. ☐

b) EVA-Methode

Aussagen zur EVA-Methode:

I. EVA kann als Instrument der wertorientierten Führung eingesetzt werden.

II. NOPAT minus Zinskosten auf dem investierten Kapital (NOA) ergeben den massgebenden Mehrwert = EVA.

III. Free Cashflow minus Zinskosten auf dem investierten Kapital (NOA) ergeben den massgebenden Mehrwert = EVA.

IV. Der Residualwert bildet den wesentlichsten Bestandteil des Unternehmenswertes.

	Richtig
A Die Aussagen I und III sind korrekt.	☐
B Die Aussagen I, II und III sind korrekt.	☐
C Die Aussagen I und II sind korrekt.	☐
D Die Aussagen II und IV sind korrekt.	☐

6.36 Anwendung EVA-Methode

Bilanz (Jahr xx0/Ist) und Erfolgsrechnung («ewig»):

Aktiven		Passiven	
Umlaufvermögen	4'400	Verpflichtungen aus LL	2'000
Anlagevermögen	8'000	Darlehen	7'200
		Eigenkapital	3'200
Total Aktiven	**12'400**	**Total Passiven**	**12'400**

Plan-Erfolgsrechnung «ewig»	1–100
Umsatzerlös	9'500
– Ausgaben (ohne Zinsen)	–6'360
– Abschreibungen	–1'700
EBIT/Gewinn vor Zinsen und Steuern	**1'440**

- Kostensatz Eigenkapital 10.5%
- Es wird angenommen, dass das geplante Ergebnis «ewig» erarbeitet werden kann.
- Fremdkapitalkostensatz 6%
- Gewinnsteuersatz 33.33%. Darin ist bereits berücksichtigt, dass die Steuern abzugsfähig sind (nicht im Hundert rechnen).
- Der Unternehmenswert ist auf Basis des steueradjustierten WACC und nach dem Entity-Ansatz zu berechnen.

Aufgabe

Berechnung nach EVA-Methode:

		Richtig
A	Der Netto-Unternehmenswert beträgt 8'800.	☐
B	Der Netto-Unternehmenswert beträgt 8'400.	☐
C	Der Netto-Unternehmenswert beträgt 9'483.	☐
D	Der Netto-Unternehmenswert beträgt 8'500.	☐

6.37 Anwendung DCF-Methode

Bilanz (Jahr 0/Ist) und Erfolgsrechnung («ewig»):

Aktiven		Passiven	
Umlaufvermögen	4'400	Verpflichtungen aus LL	2'000
Anlagevermögen	8'000	Darlehen	7'200
		Eigenkapital	3'200
Total Aktiven	**12'400**	**Total Passiven**	**12'400**

Plan-Erfolgsrechnungen	1	2	3	4–100
Umsatzerlös	9'300	9'300	9'300	9'300
– Ausgaben (ohne Zinsen)	–6'600	–6'600	–6'600	–6'600
– Abschreibungen	–1'700	–1'700	–1'700	–1'700
EBIT/Gewinn vor Zinsen und Steuern	**1'000**	**1'000**	**1'000**	**1'000**

- Kostensatz Eigenkapital 10.5%
- Es wird angenommen, dass das geplante Ergebnis «ewig» erarbeitet werden kann.
- Fremdkapitalkostensatz 5%
- Gewinnsteuersatz 20%. Darin ist bereits berücksichtigt, dass die Steuern abzugsfähig sind (nicht im Hundert rechnen).
- Der Unternehmenswert ist auf Basis des steueradjustierten WACC und nach dem Entity-Ansatz zu berechnen.
- Die Investitionen sind jeweils gleich hoch wie die Abschreibungen.

- Das Umlaufvermögen verändert sich nicht.
- Ab dem 4. Jahr bis «ewig» wird ein positives Wachstum von 1% erwartet.

Aufgabe

Berechnung nach DCF-Methode:

		Richtig
A	Der Netto-Unternehmenswert beträgt 8'943.	☐
B	Der Netto-Unternehmenswert beträgt 8'463.	☐
C	Der Netto-Unternehmenswert beträgt 8'800.	☐
D	Der Netto-Unternehmenswert beträgt 8'762.	☐

6.38 EVA-Methode mit und ohne Berücksichtigung von stillen Reserven

Bilanz (Jahr xx0/Ist) und Erfolgsrechnung («ewig»):

Aktiven		Passiven	
Umlaufvermögen	2'200	Verpflichtungen aus LL	1'000
Anlagevermögen	4'000	Darlehen	3'600
		Eigenkapital	1'600
Total Aktiven	**6'200**	**Total Passiven**	**6'200**

Plan-Erfolgsrechnung	1–100
Umsatzerlös	6'000
– Ausgaben (ohne Zinsen)	–4'600
– Abschreibungen	–800
EBIT/Gewinn vor Zinsen und Steuern	**600**

- Steueradjustierter WACC 6%
- Die Bilanz ist zu Buchwerten erstellt, der effektive Wert des Umlaufvermögens beträgt 4'200 (stille Reserven von 2'000).
- Es wird angenommen, dass das geplante Ergebnis «ewig» erarbeitet werden kann.

- Gewinnsteuersatz 33.33%. Darin ist bereits berücksichtigt, dass die Steuern abzugsfähig sind (nicht im Hundert rechnen).
- Der Unternehmenswert ist auf Basis des steueradjustierten WACC und nach dem Entity-Ansatz zu berechnen.

Aufgabe

EVA-Methode mit oder ohne Berücksichtigung der stillen Reserven.

Der Netto-Unternehmenswert beträgt:

I. mit Berücksichtigung der stillen Reserven 3'067.
II. ohne Berücksichtigung der stillen Reserven 3'067.
III. ohne Berücksichtigung der stillen Reserven 3'400.
IV. mit Berücksichtigung der stillen Reserven 3'600.

		Richtig
A	Die Antworten I und III sind korrekt.	☐
B	Die Antworten I und II sind korrekt.	☐
C	Die Antworten II und IV sind korrekt.	☐
D	Die Antworten III und IV sind korrekt.	☐

6.39 EVA-Methode mit Forschungs- und Entwicklungskosten

Sie erhalten den Abschluss xx0 und die Planerfolgsrechnungen und Planbilanzen für die nächsten 6 Jahre:

Jahre	xx0 / Ist	xx1	xx2	xx3	xx4	xx5	xx6 ff.
Umlaufvermögen	1'200	1'128	1'182	1'262	1'366	1'484	1'484
Anlagevermögen	800	760	1'108	1'186	1'050	940	940
Total	**2'000**	**1'888**	**2'290**	**2'448**	**2'416**	**2'424**	**2'424**
Jahre	xx0 / Ist	xx1	xx2	xx3	xx4	xx5	xx6 ff.
Verpflichtungen aus LL	200	206	218	236	260	286	286
Bankkredite	1'000	800	1'104	1'180	1'062	974	974
Eigenkapital	800	882	968	1'032	1'094	1'164	1'164
Total	**2'000**	**1'888**	**2'290**	**2'448**	**2'416**	**2'424**	**2'424**

Jahre	xx0 / Ist	xx1	xx2	xx3	xx4	xx5	xx6 ff.
Warenverkauf	2'000	2'060	2'184	2'358	2'414	2'854	2'854
Produktionskosten	−1'400	−1'484	−1'616	−1'792	−1'844	−2'284	−2'284
EBITDA	**600**	**576**	**568**	**566**	**570**	**570**	**570**
Abschreibungen	−240	−160	−152	−222	−238	−210	−188
EBIT	**360**	**416**	**416**	**344**	**332**	**360**	**382**
Zinsaufwand	−40	−50	−40	−56	−58	−54	−48
Gewinn vor Steuern	**320**	**366**	**376**	**288**	**274**	**306**	**334**
Steuern	−80	−92	−94	−72	−68	−77	−84
Reingewinn	**240**	**274**	**282**	**216**	**206**	**229**	**250**

Forschungs- und Entwicklungskosten (in den Produktionsausgaben enthalten):

Jahre	xx0 / Ist	xx1	xx2	xx3	xx4	xx5	xx6 ff.
Anfangsbestand		600	520	500	409	419	339
Forschungskosten		100	200	100	200	100	140
Abschreibung FK		−180	−220	−191	−190	−180	−140
Endbestand	**600**	**520**	**500**	**409**	**419**	**339**	**339**

Allgemeine und ergänzende Angaben:

- Die Plandaten sind betriebswirtschaftliche Zahlen; d.h., in den Bilanzpositionen der Plan-Bilanzen 1 bis 6 sind keine stillen Reserven enthalten; die Plan-Erfolgsrechnungen enthalten keine Bildung oder Auflösung von stillen Reserven. Das Jahr xx6 ff. kann als Basis für die Ermittlung des Residualwertes verwendet werden.
- In den Plandaten wird angenommen, dass die Gewinnsteuern in der gleichen Periode zahlungswirksam sind. Der Steuersatz beträgt 25% (darin ist bereits berücksichtigt, dass die Steuern abzugsfähig sind).
- Der steueradjustierte WACC beträgt 8%.

Aufgaben

a) Berechnen Sie den Unternehmenswert nach der EVA-Methode unter Berücksichtigung der Forschungs- und Entwicklungskosten.

6.39 EVA-Methode mit Forschungs- und Entwicklungskosten

Berechnung NOA (ohne Forschungs- und Entwicklungskosten):

Jahre	xx0	xx1	xx2	xx3	xx4	xx5	Res.-wert
Bilanzsumme	2'000	1'888	2'290	2'448	2'416	2'424	2'424
NOA «alt»							

NOA mit Forschungs- und Entwicklungskosten:

Jahre	xx0	xx1	xx2	xx3	xx4	xx5	Res.-wert
NOA «alt»							
Bestand Forsch.- K.							
NOA «neu»							
Zins auf NOA 8%							

Berechnung NOPAT (ohne Forschungs- und Entwicklungskosten):

Jahre	xx0	xx1	xx2	xx3	xx4	xx5	Res.-wert
EBIT		416	416	344	332	360	382
NOPAT «alt»	0						

Veränderung Bestand Forschungs- und Entwicklungskosten:

Jahre	xx0 / Ist	xx1	xx2	xx3	xx4	xx5	Res.-wert

Berechnung NOPAT mit Forschungs- und Entwicklungskosten:

Jahre	xx0	xx1	xx2	xx3	xx4	xx5	Res.-wert
NOPAT «alt»							
NOPAT «neu»	0						

6 Gesamtaufgaben

Berechnung EVA und Unternehmenswert mit Forschungs- und Entwicklungskosten:

Jahre	xx0	xx1	xx2	xx3	xx4	xx5	Res.-wert
NOPAT «neu»							
Zins auf NOA 8%							
EVA							
Barwertfaktoren 8%		0.926	0.857	0.794	0.735	0.681	
«Ertragswert» xx6 ff.							
Barwert							
NOA							
MVA							
Brutto-Untern.-Wert							
− Finanzschulden							
Netto-Untern.-Wert							

b) Berechnen Sie zur Kontrolle den Unternehmenswert nach der *DCF-Methode*.

Berechnung der Investitionen:

Jahre	xx0	xx1	xx2	xx3	xx4	xx5	xx6 ff.

Berechnung der Veränderung des NUV:

Jahre	xx0	xx1	xx2	xx3	xx4	xx5	xx6 ff.

6.39 EVA-Methode mit Forschungs- und Entwicklungskosten

Berechnung Free Cashflow:

Jahre	xx0	xx1	xx2	xx3	xx4	xx5	xx6 ff.
NOPAT «alt»							
+ Abschreibungen							
Cashflow							
– Investitionen							
–/+ Veränderung NUV							
Free Cashflow							
Barwertfaktoren 8%		0.926	0.857	0.794	0.735	0.681	
«Ertragswert» xx6 ff.							
Barwert							
Brutto-Untern.-Wert							
– Verz. Fremdkap.							
Netto-Untern.-Wert							

c) Berechnen Sie den Unternehmenswert nach der *EVA-Methode ohne Berücksichtigung der Forschungs- und Entwicklungskosten*.

Berechnen NOA (ohne Forschungs- und Entwicklungskosten):

Jahre	xx0	xx1	xx2	xx3	xx4	xx5	Res.-wert
Bilanzsumme	2'000	1'888	2'290	2'448	2'416	2'424	2'424
NOA «alt»							
Zins a/NOA							

Jahre	xx0	xx1	xx2	xx3	xx4	xx5	Res.-wert
NOPAT «alt»							
Zins a/NOA 8%							
EVA							
Barwertfaktoren 8%		0.926	0.857	0.794	0.735	0.681	
«Ertragswert» xx6 ff.							
Barwert							
NOA							
MVA							
Brutto-Untern.-Wert							
− Finanzschulden							
Netto-Untern.-Wert							

6.40 Unternehmenswert EVA-Methode / Entity- / Equity-Ansatz

Wie hoch ist der Unternehmenswert nach der EVA-Methode?

- NOA 556
- FK (verzinslich) 40%
- EK 60%
- EBIT (ewiger Gewinn vor Zinsen und Steuern) 80
- Gewinnsteuersatz 25%
- Bei der Brutto-Methode/Entity-Ansatz kann der Steuereffekt im Fremdkapitalkostensatz berücksichtigt werden, hier wird angenommen, dass im Steuersatz bereits berücksichtigt ist, dass die Steuern abziehbar sind.
- Bei der Netto-Methode/Equity-Ansatz ist bei der Berechnung der Steuern zu berücksichtigen, dass die Steuern abziehbar sind (im Hundert rechnen).
- FK-Kostensatz 6%
- EK-Kostensatz 12%

6.40 Unternehmenswert EVA-Methode / Entity / Equity-Ansatz

Aufgaben

a) Berechnen Sie den WACC (steueradjustiert; beim FK-Satz ist der Steuereffekt zu berücksichtigen).

b) Berechnen Sie den Unternehmenswert/Entity-Ansatz:

EBIT	
− 25% Steuern	
NOPAT	
− Zins NOA = ……	
EVA	
NOA = betriebliches Gesamtvermögen (am Bewertungsstichtag)	
Residualwert = ……	
Brutto-Unternehmenswert	
− Finanzschulden = ……	
Netto-Unternehmenswert	

c) Berechnen Sie den Unternehmenswert/Equity-Ansatz:

EBIT	
− FK-Zinsen = ……	
Gewinn vor Steuern	
− 25% Steuern = ……	
Gewinn nach Zinsen und nach Steuern	
Zins a/EK = ……	
EVA (Basis EK)	
NOA = betriebliches Gesamtvermögen (am Bewertungsstichtag)	
− Finanzschulden	
Eigenkapital	
Residualwert = ……	
Netto-Unternehmenswert	

d) Der Verwaltungsrat möchte mittels Leverage-Effekt die Eigenkapitalrendite von bisher 12% auf 16% steigern. Wie hoch müsste bei Erhöhung der Eigenkapitalrendite mittels Leverage-Effekt der Anteil der Fremdfinanzierung sein?

Eigenkapitalkostensatz:			
Fremdkapitalkostensatz			
− Steuersatz von 25%			
Netto FK-Satz			
Total Gesamtkapitalkostensatz/WACC's			
Eigenkapitalrendite			Anteil:
− GK-Rendite	Differenz = ...		
			:
Eigenkapitalrendite			
− Zins Fremdkapital	Differenz = ...		

Kontrolle: Der Gesamtkapitalkostensatz/WACC sollte wiederum 9% sein.

Fremdkapitalkostensatz			
Eigenkapital			
Gesamtkapitalkostensatz/WACC			

6.41 Spread / ROIC / WACC / EVA-Methode

Das Transportunternehmen KALI AG weist folgende Finanzdaten aus:
- Bilanzsumme 480
- Nicht verzinsliches kurzfristiges Fremdkapital 80
- Verzinsliches Fremdkapital 160
- Eigenkapital 240
- Verkaufsumsatz .... 1'000
- EBIT (Gewinn vor Zinsen und Steuern) 80
- Gewinnsteuersatz 20%
- Fremdkapitalkostensatz (vor Steuern) 5%
- Eigenkapitalkostensatz 14%

6.41 Spread / ROIC / WACC / EVA-Methode

Aufgaben

a) Berechnen Sie den steueradjustierten WACC:

Bilanzsumme		
– Nicht verzinsliches Fremdkapital		
NOA		
Davon verzinsliches Fremdkapital		
Davon Eigenkapital		
Fremdkapitalkostensatz		
Eigenkapitalkostensatz		
Gesamtkapitalkostensatz/WACC		

b) Berechnen Sie die Bruttorendite des investierten Kapitals (ROIC) auf Basis von NOPAT, d.h. des operativen Gewinnes vor Zinsen, aber nach Steuern:

Plan-Erfolgsrechnung	Jahr 1–100
Gewinn vor Zinsen und Steuern/EBIT	
– Steuern 20%	
Gewinn vor Zinsen, nach Steuern/NOPAT	

c) Berechnen Sie EVA:

NOPAT	
– Zins auf NOA = …	
EVA	

d) Berechnen Sie den Spread in Prozenten:

ROIC (Return on Invested Capital)	
– Kapitalkosten/WACC	
Spread = ROIC – WACC	

e) Berechnen Sie den Unternehmenswert nach der EVA-Methode unter der Annahme, dass diese Ertragssituation die nächsten 100 Jahre gleich bleibt:

NOA = betriebliches Gesamtvermögen (am Bewertungsstichtag)	
Total Barwerte EVA inkl. Residualwert = Market Value Added (MVA)	
Brutto-Unternehmenswert	
– Finanzschulden	
Netto-Unternehmenswert	

f) Wie hoch wäre der Unternehmenswert, wenn nach dem 4. Planjahr (= ab dem 5. Jahr) der Spread nur noch halb so gross wäre?

	Bisher	Neu
ROIC (Return on Invested Capital)	16%	13%
– Kapitalkosten/WACC	–10%	–10%
Spread = ROIC – WACC	6%	3%

Plan-Erfolgsrechnung	Jahr 1	Jahr 2	Jahr 3	Jahr 4	5–100
NOPAT					
– Zinsen auf NOA					
EVA					
Kapitalisierter Restwert (12: 10 x 100)					
Barwertfaktoren 10%	0.909	0.826	0.751	0.683	
Barwerte EVA					

NOA = betriebliches Gesamtvermögen (am Bewertungsstichtag)	
Total Barwerte EVA inkl. Residualwert = Market Value Added (MVA)	
Brutto-Unternehmenswert	
– Finanzschulden	
Netto-Unternehmenswert	

7 Abzinsungstabellen

Erläuterungen zu den Abzinsungstabellen

Wenn Sie jemandem ein zinsloses Darlehen von CHF 100'000 während 3 Jahren gewähren, schenken Sie ihm bei einem marktüblichen Zins von 6% CHF 16'000. Der heutige Barwert dieses Darlehens (das erst in 3 Jahren zurückbezahlt wird) beträgt bei einem Zinssatz von 6% CHF 84'000 (100'000 x 0.840).

Ein heute fälliger Betrag hat mehr Wert als ein Betrag, der erst in einem Jahr oder noch später fällig wird. Wenn ich den Betrag heute erhalte, kann ich die Summe zinstragend anlegen. Die Abzinsungsfaktoren sind nichts anderes als die Umkehrwerte des Zinseszinses.

Die Abzinsungsfaktoren können wie folgt berechnet werden. Wir legen CHF 100 jeweils zu 6% an. Das Kapital inkl. Zins und Zinseszins beträgt:

Kapital Anfang Jahr	Zins 6%	Kapital Ende Jahr (mit Zinseszins)	Jahr
100.00	6.00	106.00	1
106.00	6.36	112.36	2
112.36	6.74	119.10	3

Der Umkehrwert/Abzinsungsfaktor = Kapital zu Beginn : Kapital mit Zinseszins

Kapital	Kapital mit Zinseszins	Abzinsungs-faktor 6%	Kumulierte Abzinsungsfaktoren = Rentenbarwertfaktor 6%	Ende Jahr
100.00	106.00	0.943	0.943	1
100.00	112.36	0.890	1.833	2
100.00	119.10	0.840	2.673	3

Die kumulierten Abzinsungsfaktoren entsprechen den Rentenbarwertfaktoren. In den Tabellen Abzinsungsfaktoren und Rentenbarwertfaktoren, Zinssatz 6%, können Sie die Zahlen vergleichen. Die Abzinsungsfaktoren können auch wie folgt berechnet werden:

Ende Jahr 1   1.000 : 106% = 0.943
Ende Jahr 2   0.943 : 106% = 0.890
Ende Jahr 3   0.890 : 106% = 0.840 usw.

7 Abzinsungstabellen

Wenn in einer Aufgabe zum Beispiel ein Zinssatz von 7.84% angegeben ist, können Sie mit dem gleichen Schema die Abzinsungs- und Rentenbarwertfaktoren berechnen.

Kapital	Kapital mit Zinseszins	Abzinsungsfaktoren bei 7.84%	Rentenbarwertfaktoren bei 7.84%	Ende Jahr
100.00	107.84	0.927	0.927	1
100.00	116.29	0.860	1.787	2
100.00	125.41	0.797	2.584	3

Die Abzinsungsfaktoren und Rentenbarwertfaktoren können somit einfach berechnet werden, auch wenn der Zinssatz in keiner Tabelle vorgegeben ist.

Abzinsungsfaktoren

Gegenwartswert einer Zahlung von 1.–, fällig Ende Jahr

Jahr	Zinssatz										
	5%	6%	7%	8%	9%	10%	11%	12%	14%	16%	18%
1	0.952	0.943	0.935	0.926	0.917	0.909	0.901	0.893	0.877	0.862	0.847
2	0.907	0.890	0.873	0.857	0.842	0.826	0.812	0.797	0.769	0.743	0.718
3	0.864	0.840	0.816	0.794	0.772	0.751	0.731	0.712	0.675	0.641	0.609
4	0.823	0.792	0.763	0.735	0.708	0.683	0.659	0.636	0.592	0.552	0.516
5	0.784	0.747	0.713	0.681	0.650	0.621	0.593	0.567	0.519	0.476	0.437
6	0.746	0.705	0.666	0.630	0.596	0.564	0.535	0.507	0.456	0.410	0.370
7	0.711	0.665	0.623	0.583	0.547	0.513	0.482	0.452	0.400	0.354	0.314
8	0.677	0.627	0.582	0.540	0.502	0.467	0.434	0.404	0.351	0.305	0.266
9	0.645	0.592	0.544	0.500	0.460	0.424	0.391	0.361	0.308	0.263	0.225
10	0.614	0.558	0.508	0.463	0.422	0.386	0.352	0.322	0.270	0.227	0.191
11	0.585	0.527	0.475	0.429	0.388	0.350	0.317	0.287	0.237	0.195	0.162
12	0.557	0.497	0.444	0.397	0.356	0.319	0.286	0.257	0.208	0.168	0.137
20	0.377	0.312	0.258	0.215	0.178	0.149	0.124	0.104	0.073	0.051	0.037
50	0.087	0.054	0.034	0.021	0.013	0.009	0.005	0.003	0.001	0.001	

Rentenbarwertfaktoren

Gegenwartswert einer Zahlung von jährlich 1.–, fällig Ende Jahr, während n Jahren

Jahr	Zinssatz								
	6%	7%	8%	9%	10%	11%	12%	14%	16%
1	0.943	0.935	0.926	0.917	0.909	0.901	0.893	0.877	0.862
2	1.833	1.808	1.783	1.759	1.736	1.713	1.690	1.647	1.605
3	2.673	2.624	2.577	2.531	2.487	2.444	2.402	2.322	2.246
4	3.465	3.387	3.312	3.240	3.170	3.102	3.037	2.914	2.798
5	4.212	4.100	3.993	3.890	3.791	3.696	3.605	3.433	3.274
6	4.917	4.767	4.623	4.486	4.355	4.231	4.111	3.889	3.685
7	5.582	5.389	5.206	5.033	4.868	4.712	4.564	4.288	4.039
8	6.210	5.971	5.747	5.535	5.335	5.146	4.968	4.639	4.344
9	6.802	6.515	6.247	5.995	5.759	5.537	5.328	4.946	4.607
10	7.360	7.024	6.710	6.418	6.145	5.889	5.650	5.216	4.833
11	7.887	7.499	7.139	6.805	6.495	6.207	5.938	5.453	5.029
12	8.384	7.943	7.536	7.161	6.814	6.492	6.194	5.660	5.197
20	11.470	10.594	9.818	9.129	8.514	7.963	7.469	6.623	5.929
50	15.762	13.801	12.233	10.962	9.915	9.042	8.304	7.133	6.246
100	16.666	14.285	12.500	11.111	10.000	9.090	8.333	7.142	6.250

Stichwortverzeichnis

A

Anlässe für eine Unternehmensbewertung 15, 16
Arbitriumswert 18, 19, 22
Argumentationswert 18, 19, 22

B

Beta-Faktor 48, 50, 51, 53
Brutto-Methode 33, 34, 38, 42, 72, 73, 80
Businessplan 27

C

Conversions 94, 96

D

DCF-Methode 74, 75, 76, 80

E

EBIT 79, 80, 81, 89
Entity-Ansatz 35
Entscheidungswert 18, 19, 22
Equity Equivalents 94, 96
Equity-Approach 75
Ertragswert 63, 68, 69, 70, 71, 73
EVA-Methode 86, 87, 88, 89, 90, 93

G

Goodwill-Rentendauer siehe Übergewinn-Methode

H

Halber Steuersatz 39, 40

L

Latente Steuern 39

M

Management-Buy-out 16
Marktrisikoprämie 48, 49, 50, 53
Marktwert 23, 25
Mergers and Acquisitions 15
Mittelwert-Methode siehe Praktiker-Methode

N

Netto-Methode 33, 34, 35
Netto-Substanzwert 69, 72, 73
NOA 87, 88, 89, 93, 95
NOPAT 75, 76, 80, 87, 95

P

Praktiker-Methode 69, 70

R

Reproduktionskostenwert 23, 25
Residualwert 74, 75, 76, 78, 79
ROIC 93

S

Spread 93
Statuswert 23
Substanzwert 56, 58, 59, 62, 69, 71, 73

U

Übergewinn-Methode 71, 72, 73

V

Verkehrswert 23

W

WACC 38, 47, 49, 50, 52, 54, 85, 88, 93

Dieter Pfaff, Flemming Ruud

Schweizer Leitfaden zum Internen Kontrollsystem (IKS)

7. Auflage, 2016
freirückenbroschiert
ISBN 978-3-280-07356-8

Unternehmen, die der ordentlichen Revision unterliegen, sind verpflichtet, ein IKS nachzuweisen. Das vorliegende Werk vermittelt hierzu nicht nur die gesetzlichen und praktischen Grundlagen. Es bietet darüber hinaus auch eine Hilfestellung bei der konkreten Umsetzung, indem es die Ausgestaltungsmöglichkeiten des IKS in Abhängigkeit von Zielsetzung, Betriebsgrösse, Komplexität und Risikoprofil des Unternehmens oder der Organisation aufzeigt. In der Neuauflage wurden alle Erkenntnisse und Angaben aktualisiert. Drei mit der Praxis verfasste illustrative Fallstudien aus dem öffentlichen sowie dem Industriesektor erleichtern die Umsetzung des IKS in der eigenen Organisation.

Christian Feller, Simon Lutz

Swiss GAAP FER

Strukturierte Übersicht mit Fallbeispielen

4. Auflage, 2016
freirückenbroschiert
ISBN 978-3-280-07341-4

Das Bedürfnis nach einer aussagekräftigen Rechnungslegung ist unvermindert gross. Mit den Swiss GAAP FER steht den KMU, den Nonprofit-Organisationen, Personalvorsorgeeinrichtungen, Versicherungsunternehmen sowie Gebäude- und Krankenversicherern ein praktisches Regelwerk zur Verfügung. Das Werk enthält eine aktualisierte Sammlung der Swiss-GAAP-FER-Empfehlungen. Die Autoren vermitteln dem Leser dank kurz gehaltenen Theoriegrundlagen, übersichtlichen Grafiken sowie fundierten Fallbeispielen und Aufgaben einen vertieften, praxisnahen Überblick über die Empfehlungen.

Daniel Zöbeli, Daniela Schmitz

Rechnungslegung für Nonprofit-Organisationen
Ein praktischer Kommentar zum neuen Swiss GAAP FER 21

3. Auflage, 2017
gebunden
ISBN 978-3-280-07390-2

Die Autoren zeigen in anschaulicher Weise, wie ein aussagekräftiger Jahresabschluss einer Nonprofit-Organisation aufgebaut sein soll und wie er zu verstehen ist. Sie erläutern sämtliche massgeblichen Bestimmungen von Swiss GAAP FER 21 sowie der ergänzenden Kern-FER und legen dar, wie diese im Jahresabschluss umzusetzen sind. Der Kommentar zeigt alle wesentlichen Schnittstellen zum neuen Rechnungslegungsrecht sowie zu den wichtigen NPO-Governance-Standards auf (z.B. von Zewo, CURAVIVA, SwissFoundations). Zahlreiche gute Beispiele aus der aktuellsten Rechnungslegungspraxis und weitere Muster veranschaulichen die Ausführungen und erleichtern die Anwendung von Swiss GAAP FER 21.